シリーズ こころとからだの処方箋

被害者心理とその回復

―心理的援助の最新技法―

監修●上里一郎
編●丹治光浩（花園大学社会福祉学部臨床心理学科）

ゆまに書房

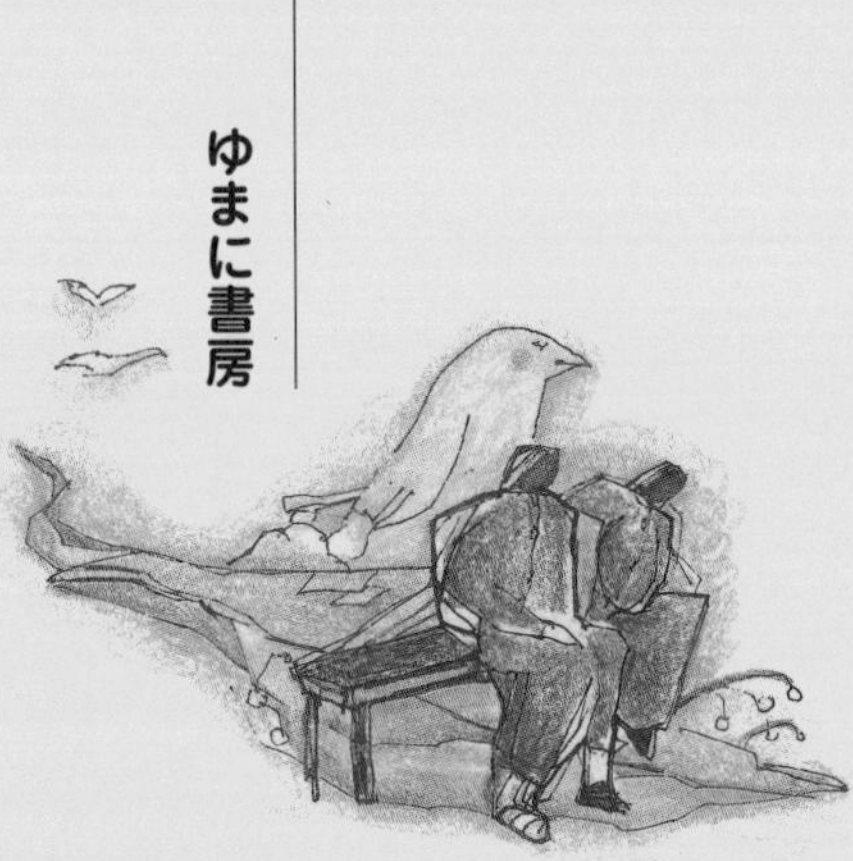

監修にあたって

二十一世紀は心の時代だと言われる。いわゆる先進国では、物質的には充足されているが、生きる意味や目標を見つけることができずにいる人々が少なくない。

グローバル化や科学技術の著しい進歩により社会は激しく変動しており、将来を予測することが困難になっている。例えば、労働環境一つを取ってみても、企業は好収益を上げていても、働く者個々で見るとその労働環境は著しく厳しいものになっている。それは、過重な労働条件・リストラの進行・パート社員の増加などに見ることができる。極端な表現をすれば、〝個人の受難の時代〟の到来と言えるかもしれない。労働・地域・社会・家族など、私たちの生活の中に、このようなめまぐるしい変化は影を落としている。自殺者・心身症・うつ・犯罪の若年化や粗暴化などといった社会病理現象の増加はその影の具現化でもある。

このシリーズ「こころとからだの処方箋」はこれらの問題に向き合い、これを改善するため、メンタルヘルスの諸問題を多角的に取り上げ、その解決と具体的なメンタルヘルス増進を図ることを主眼として企画された。

テーマの選定にあたっては、人間のライフサイクルを念頭に、年代別（青少年期、壮年期、老年期など）に生じやすい諸問題や、ドメスティック・バイオレンスや事故被害、犯罪被害といった今日的なテーマ、不眠や抑うつなど新たな展開を見せる問題などを取り上げ、第一線の気鋭の研究者、臨床家に編集をお願いした。一冊一冊は独立したテーマであるが、それぞれの問題は相互に深く関連しており、より多くの巻を手に取ることが、読者のより深い理解へと繋がると確信している。

なお、理解を助けるため、症例の紹介、引用・参考文献などを充実させ、また、専門用語にはわかりやすいよう注記を施すなどの工夫をした。本書は、医学・心理学・看護・保健・学校教育・福祉・企業などの関係者はもとより、学生や一般の人々に至るまでを読者対象としており、これら各層の方々に積極的に活用されることを願っている。


上里一郎（あがり・いちろう　広島国際大学学長）

はじめに

犯罪や事故、あるいは自然災害などの体験が人々に与える影響について考えることは、現代社会を生きる我々にとって避けて通ることのできない重要な問題である。地下鉄サリン事件、9・11同時多発テロ、阪神・淡路大震災、スマトラ島沖大地震・津波、JR宝塚線事故など、枚挙に暇がない。被害者は災害や事故によって経済的・社会的苦境に陥ることはもちろんのこと、メンタルヘルスの点でも重篤な障害を引き起こすことは周知の事実であるし、近年は、間接的に家族や地域といった周囲の人々を苦しめる二次的被害の問題も重視されている。したがって、その対応に当たっては被害者のみならず、家族支援、地域支援も含めたより広範な援助が長期にわたって必要であり、医療、福祉、行政、司法などのさまざまな分野の緊密な連携の重要性が指摘されている。

こうした状況を背景に近年、「犯罪被害者等基本法」や「災害対策基本法」などの法的整備が進むと同時に、各警察署に犯罪被害者のための相談窓口が設けられたり、各地にこころのケアセンターなどが設置されたりして徐々にその支援体制は充実してきているものの、その機能が十分に果たされているとは言いがいたい現状がある。そこで、本書では日々著しい発展を遂げている被害者支援について主に心理学的な視点から考察し、実際に役立つ支援法について紹介する。

まず第1章では、現代社会における犯罪・事故の特徴を概観し、それが人間心理に与える影響について論じる。また、同時に犯罪・事故被害者対策の現状と課題についても総論的に考察する。第2章では、少年事件に対する社会の受けとめ方を歴史的に振り返りながら、少年の「加害者性」を取り上げる。また、被害者の「被害者性」を少年自身や関係機関がどのように受け止めるべきかについて、特にエンパワーメントの視点から検討する。第3章では、他者とのコミュニケーションがうまくいかず、人間関係において傷つきやすく、被害感や疎外感といった二次的被害を生じる可能性を持つ発達障害について考察する。第4章では、PTSDの最新治療技法として長時間暴露法を中心に紹介し、その将来の方向性を論じる。第5章では、事故災害時における危機介入としてナチュラル・デブリーフィングやストレスケア・カウンセリングの実際について紹介する。第6章では、日本におけるクライシス・レスポンス・チーム（CRT）の先駆的活動を通じて、学校危機状況における支援の実際と今後の課題について報告する。第7章では、近年注目されている修復的司法について諸外国の取り組みを紹介し、日本の現状と課題について論じる。第8章では、性暴力被害とその支援について論じる。強姦、強制わいせつ等は、被害者の尊厳を踏みにじり、身体的のみならず精神的にも極めて重い被害を与える犯罪である。それらの性暴力が生む被害に対する治療教育について多面的に論述する。第9章では、トラウマケアの技法のひとつとして注目されているストレスマネジメントについて具体的事例をあげて説明し、同時に、その効用と限界についても論じる。

執筆者はいずれも日本を代表する被害者支援の研究者であり、実践者である。本書が実際に被害者支援に関わるすべての人々の役に立つことを確信している。

丹治光浩

【目　次】

監修あたって
はじめに

第1章　被害者心理と現代社会　1
1　はじめに　3
2　現代社会と犯罪被害　4
3　現代社会と事故被害　8
4　現代社会と自然災害　13
5　被害者心理　14
6　被害者への心理的支援　17
7　おわりに　23

第2章　被害者との向き合い方——被害者性とエンパワーメントの視点から——　27
1　はじめに　29
2　調査官としての被害者との出会い　30

3　被害者性の認識　34
4　パワーを持つこと　41

第3章　発達障害を持つ人たちの被害——広汎性発達障害の事例から——　51
1　はじめに　53
2　事例　54
3　発達障害を持つ人たちの被害と対応　65
4　まとめ　70

第4章　PTSD治療の最新技法　73
1　実証に基づく心理療法　75
2　PTSD治療ガイドラインにおける心理治療の評価　77
3　長時間曝露（PE）法の理論　79
4　曝露の方法　83
5　治療はどのように進み、どのようにクライエントは変わるのか　86
6　治療効果まとめ　88

第5章　事故・災害被害と危機介入　93
1　危機と危機介入　95
2　総合的な援助　99
3　回復への支援　106
4　今後の課題　116

第6章　学校危機とＣＲＴの支援――クライシス・レスポンス・チームの紹介――　121
1　学校危機とＣＲＴ　123
2　ＣＲＴの八つの任務　128
3　ＣＲＴの構造　140
4　おわりに　147

第7章　犯罪被害者と修復的司法――その状況・実践・課題――　149
1　はじめに　151
2　修復的司法とは何か　152
3　修復的司法の実践　165
4　修復的司法の課題　183
5　おわりに　186

第8章　性暴力被害の問題と支援　191

1　性暴力という問題　193

2　性暴力被害の心身への影響　201

3　性暴力被害者への支援　207

第9章　トラウマ臨床に活用できるストレスマネジメント技法　219

1　ストレスマネジメントとは　221

2　トラウマ臨床でのストレスマネジメント技法　224

3　まとめ　238

おわりに　241

第1章　被害者心理と現代社会

1　はじめに

松井［2005］は、地震・水害・噴火・津波・台風などの自然災害、交通事故・火災・ビルの倒壊・テロ・戦争などの人為的災害、暴力・レイプ・虐待などの暴力的行為などを含めて「惨事ストレス（Critical Incident Stress）」と呼んでいる。もちろん自然災害であろうと人為的災害であろうと、被害者に大きな心理的ダメージを与えることに違いはない。しかし、その影響は、被害の種類、程度、状況によって大きく変わってくる。例えば、自然災害には加害者がいないが、人為的災害では何らかの形で加害者が想定され、被害者の心理的ダメージが怒りという形で加害者に向けられることが少なくない。

また、被害者への心理的支援を考えるとき、その家族（遺族）への支援や加害者側の問題も考える必要がある。なぜなら、被害者の心の回復は、家族（遺族）や加害者との関係に大きく影響されるからである。さらに、二次的被害といった視点で考えると、支援に当たる警察官や医師、ボランティア、あるいは報道関係者なども被害者になる可能性があり、支援者自身への支援についても考えなければならない。

これら個々の問題についての詳細は後の章に譲り、本論では被害を大きく「犯罪被害」「事故被害」「自然災害」に分けて、現代社会との関連でそれらの特徴とそれが人間心理に与える影響について概観する。また、同時に被害者支援の現状と課題についても総論的に考察する。

なお、一般に自然災害の場合は被災者、犯罪や事故の場合は被害者と呼ぶことが多いが、本論においては、いずれの場合においても「被害者」で統一した。また、被害者への働きかけについても援助、対応などさまざまな用語が使用されるが、同じく本論では「支援」で統一した。

2　現代社会と犯罪被害

人類の長い歴史の中で犯罪が存在しない時代はない。この世の中から犯罪がなくなることは永久にないのだろうか。そうした犯罪の歴史の中で、近年の科学技術の発展や社会構造の変化を受けて、新たなタイプの犯罪が生まれている。

そこで、今回は、情報通信ネットワークをめぐる犯罪と少年犯罪を取り上げ、被害者心理への影響を考えてみたい。

(1)　情報通信ネットワークと犯罪

インターネットや携帯電話などの情報通信ネットワークの急速な普及は、日常生活の利便性を著しく向上させた一方で、さまざまな弊害も生んでいる。例えばインターネットは、「匿名性が高い」「痕跡が残りにくい」「地理的・時間的制約を受けない」などの特徴から犯罪者にとって格好の犯行手段となっており、オークション詐欺やフィッシング詐欺、出会い系サイトによる売春や自殺サイトを利用した殺人など、従来の犯罪と質的に異なる新しい形態の犯罪が急増している。また、最近は国際テロ組織がさまざまな形でインターネットを利用するようになっており、社会の安全維持にとっても大きな問題となっている。

こうした犯罪が人々に与える影響としては、何といっても猜疑心と攻撃性の高まりである。社会の匿名化が進み、騙す・騙される関係が頻発するとき、我々は生活に不安を感じる。不安は猜疑心を生み、人々は防衛的となる。そして自分に少しでも災難が降りかかると、自分と家庭を守るために他者を攻撃するのである。もちろん攻撃には正当な理由が必要になる。そこで利用されるのが権利意識である。

もちろん政府は、さまざまな対策に乗り出している。例えば、インターネットのプロバイダには、わいせつな映像の送信を防止するため必要な措置を講ずる努力義務が課せられ、もしも努力義務を遵守していない場合は、都道府県公安委員会が、これを遵守するよう勧告することができるようになった。また、「不正アクセス禁止法」や「古物営業法」の改正によって、インターネット・オークションを営もうとする者の届出、義務、盗品などの疑いがある場合の申告義務、出品者の確認並びに取引記録の作成及び保存に関する努力義務、競りの中止命令に関する規定などが設けられた。さらに、二〇〇三年には、出会い系サイト規制法が制定され、これを利用して一八歳未満の児童に対して性交渉を求めることなどを禁止するとともに、事業者に対しては児童が利用してはならないことの明示、および利用者が児童でないことの確認を義務付けた。

ところで、これらの法律は、実際どのくらい犯罪の歯止めになっているのであろうか。歴史がそれを証明しているように、犯罪は法の隙間をくぐって常に発生する。つまり、最終的に犯罪の防止は我々の心の問題に帰すると考えられる。我が国の情報通信ネットワーク社会の安全・安心を確保するためには、これらに対する国民的気運の醸成が何よりも重要なのである。

(2) 少年犯罪とその社会への影響

少年が凶悪化しているという報道が、近年頻繁になされるようになった。神戸の中学生による幼児惨殺事件(一九九七年)、佐賀バスジャック事件(二〇〇〇年)など、相次いで少年による凶悪な事件が発生したことを受けての報道である。しかし、実際の犯罪統計が示すデータは、少年の凶悪化ではなく、逆に犯罪数の減少を示している(図1、2)。確かに、一九九〇年以後の凶悪犯罪の件数は多少上昇しているものの、大きな変化とは言えず、少なくとも殺人事件はほとんど増加していない。また、もしも統計数字上の凶悪犯罪の増加が少年の凶悪化を意味しているならば、その裾野である少年の粗暴犯も増加するはずであるが、実際にはこれも増えるどころか減少しているのである。さらに重要なことは、犯罪統計は必ずしも犯罪の実態を反映しないという点である。例えば、少年犯罪が社会問題になることによって「現行の少年法は少年に対して甘すぎる」という世論が高まり、

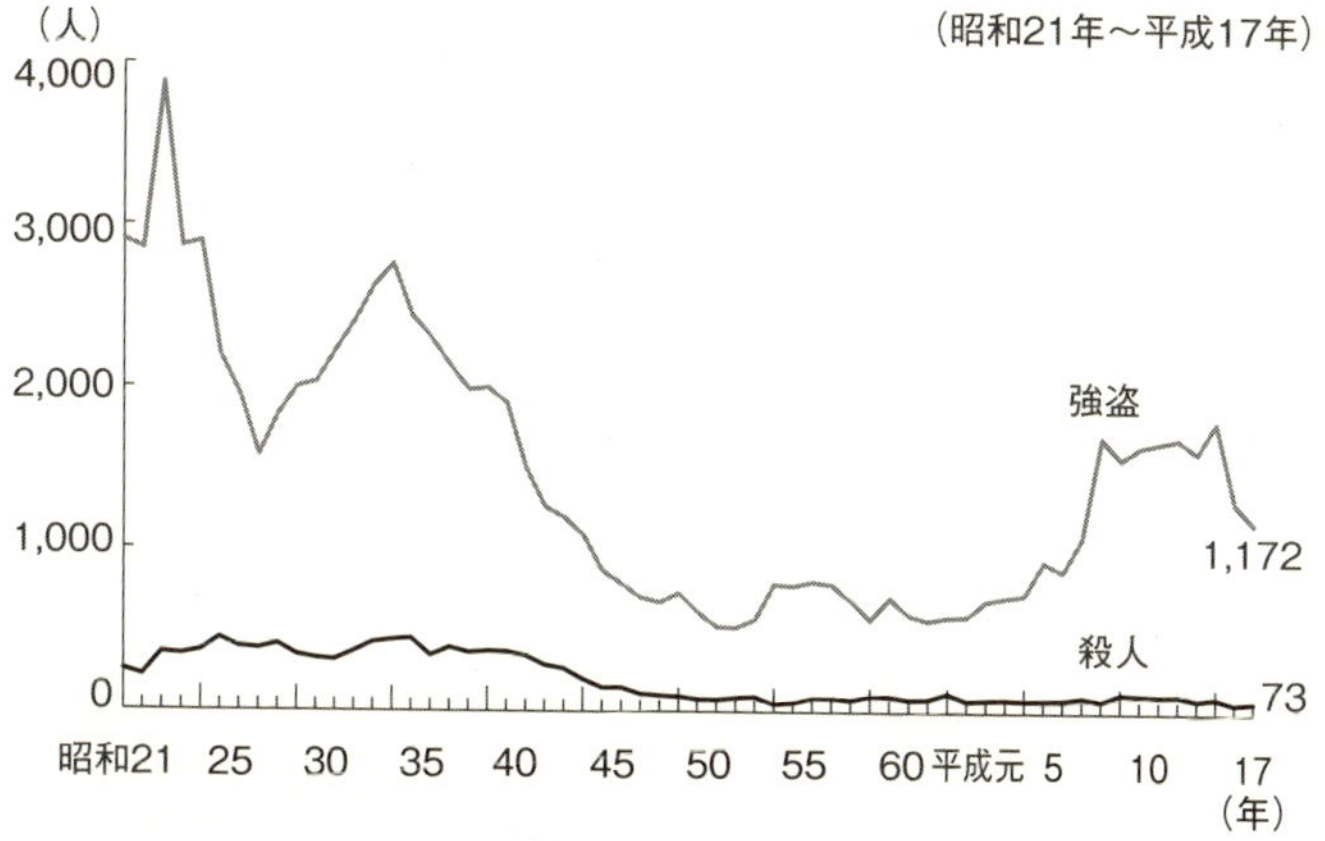

注　1　警察庁の統計による。
　　2　触法少年の補導人員を含む。

図1　殺人・強盗の少年検挙人員の推移［法務省、2006］

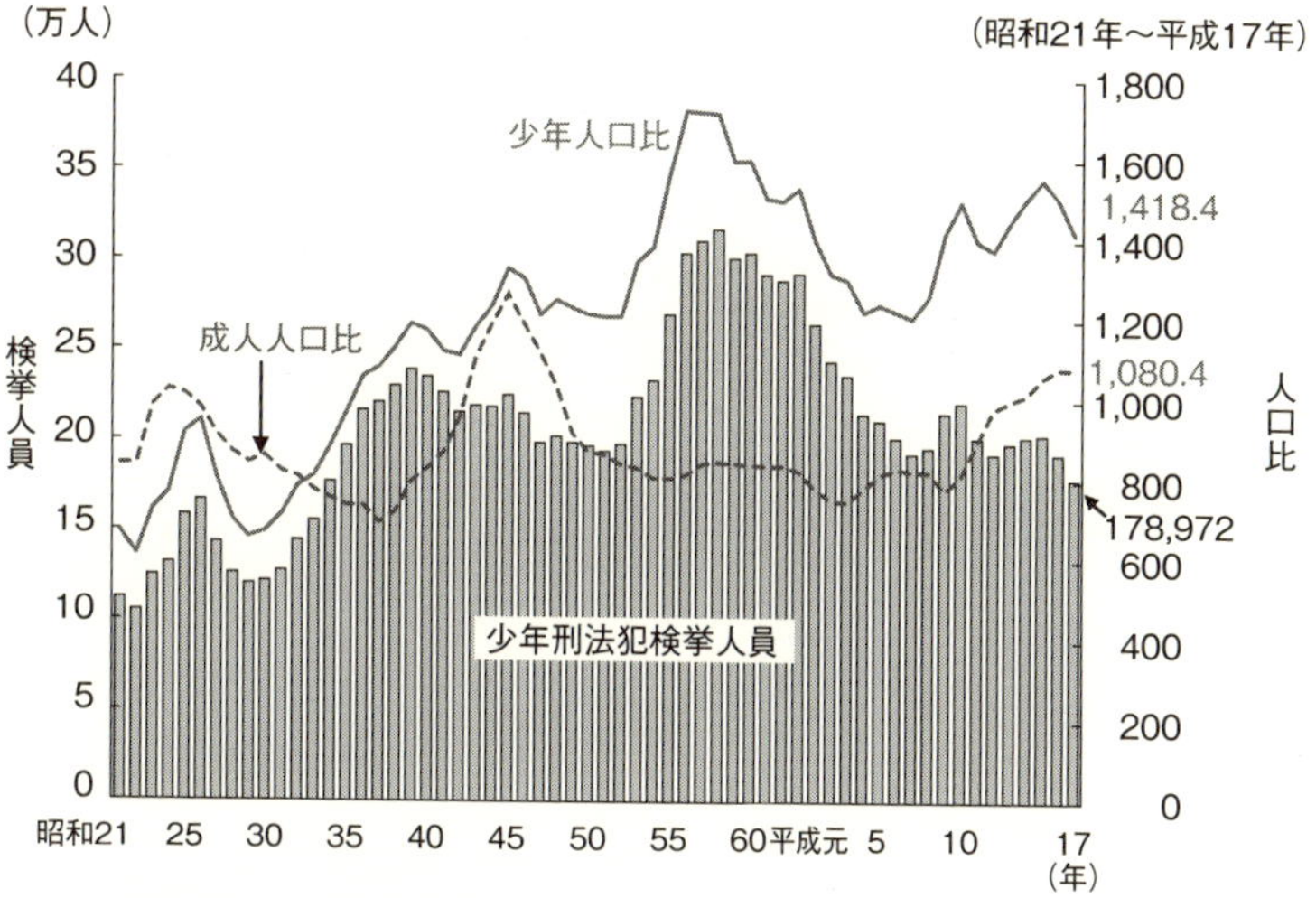

注　1　警察庁の統計及び総務省統計局の人口資料による。
　　2　触法少年の補導人員を含む。
　　3　昭和45年以降は，触法少年の交通関係業過を除く。
　　4　「少年人口比」は，10歳以上20歳未満の少年人口10万人当たりの少年刑法犯検挙人員の比率であり，「成人人口比」は，20歳以上の成人人口10万人当たりの成人刑法犯検挙人員の比率である。

図2　少年刑法犯検挙人員・人口比の推移［法務省、2006］

警察は非行少年の補導や検挙活動を強めると、結果的に少年の犯罪率が高まるのである。

しかし、だからといって少年犯罪に関心を向ける必要がないわけではない。なぜなら、社会の変化は子どもの生活意識や対人関係のあり方に大きな影響を与え、それが少年犯罪の質を変化させている可能性があるからである。筆者は、長らく携わっている児童精神科臨床や学校臨床の中で、近年の子どもに「情緒的つながりの欠如」と「生きている実感の欠如」を感じているが［丹治、2004］、少年犯罪にも同様の傾向が見られるのではないかと考えている。

また、そうした少年犯罪の質的変化が世論を刺激して、時に法律さえも変えてしまうことがある。例えば、少年犯罪が増加し、少年が凶悪化しているという風潮は、人々を不安に陥れ、実際の犯罪率に関係なく少年法の改正を促し、厳罰化を促進させた。我々に必要なことは、物事を多角的、冷静に判断する力ではないだろうか。

3　現代社会と事故被害

一口に事故といっても、交通事故、火災事故、医療事故、転倒・転落事故、遭難事故、水難事故などさまざまである。本節では、これらの中から現代社会を反映するものとして、交通事故と医療事故について取り上げる。

(1)　交通事故

交通事故とは、自転車、バイク、自動車、列車、航空機、船など、すべての交通手段に関する事故を指すが、我々の日常生活に最も密接に関係しているのは、自動車交通事故（以下、交通事故）であろう。近年、道路交通法の改正や車の性能技術の向上によって、交通事故による死者の数は減少傾向にあるが、車両の保有台数の増加とともに交通事故の発生件数も増加傾向にある（**図3**）。ということは、交通事故による被害者はますます増加していることになる。テレビや新聞などで交通事故のニュースが報じられない日はないし、仮に年間の交通事故数を九〇万件、直接の被害者を一一〇万人と考えてもわかるように、われわれにとって交通事故はごく身近なできごとなのである。

交通事故が起きた場合、通常警察による現場検証が行われ、その後保険会社などを通じて示談交渉が行われる。ただし、日常生活に支障があるほどの大きな障害を負ったり、死者が出たりすれば、そう簡単にはいかない。被害者も加害者も、さまざまな困難な問題に直面し、身体的、精神的、経済的に大きなダメージを受けるからである。

例えば、交通事故において被害者の側からは、加害者の処分が軽すぎるという批判がなされることが少なくない。その背景には、現在の刑法が、罪を犯す意思がある場合に犯人を処罰することを原則としているため、過失犯の刑は比較的軽くなるという特徴があるのだが、被害者には、加害者が存在しなければ事故が起きなかったという気持ちから強い怒りの感情が加害者に向けられるのは当然のことである。また、この怒りは、直接の被害者より遺族（家族）の方が大きいことが報告されている［交通事故被害実態調査研究委員会、1999］。そしてこのことが、示談交渉に支障をきたし、「加害者に誠意が感じられない」な

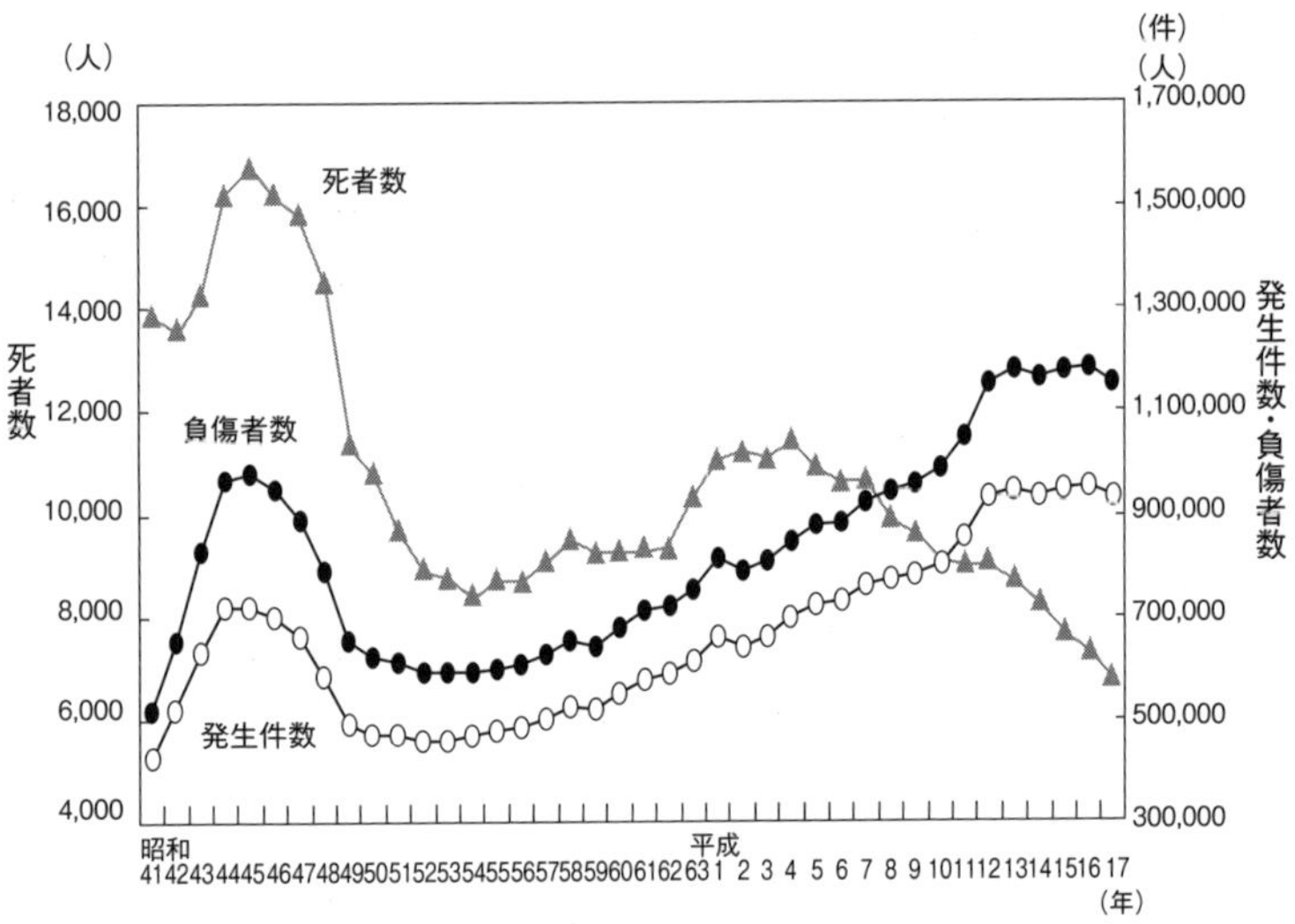

図３　交通事故発生件数・死者数・負傷者数の推移［警視庁、2006］

どといった人間不信感を生み出すのである。

また、交通事故で直接体験する死への恐怖感は、日常生活にも支障をきたす。実際、事故後に恐怖で運転ができなくなったり、交通量の多い道路を歩けなくなったりする人もいる。その他、抑うつ、不安、自責感などの心理的反応、不眠や食欲低下などの身体症状が出現する。

(2) 医療事故

二〇世紀後半から二一世紀にかけて医療技術は急速に進歩し、多くの命が救われるようになったが、一方で、患者取り違え手術事故、抗がん剤の過量投与事故などの医療事故が後を絶たない。

そして、同時に医療訴訟の数が急激に増加しているという(図4)。その理由としては、「患者意識の変化」「患者と医師との信頼関係の低下」「医師や医療機関の対応の悪さ」などが考えられる。ただし、ここでも指摘しなければならない点は、医療事故の数と医療訴訟の数は必ずしも相関しないことである。医療訴訟は、単に医療事故が頻発していることだけではなく、医療事故への社会的批判が強まっていること、被害者の権利意識が高まっていること、医療情報へのアクセスが以前より容易になっていることなどによって生じるからである。

ところで、医療事故に際して被害者の求めているものは、何よりも真実の説明、謝罪、再発の防止である。つまり、最初に明確な説明と謝罪があれば、裁判は起こされなかった

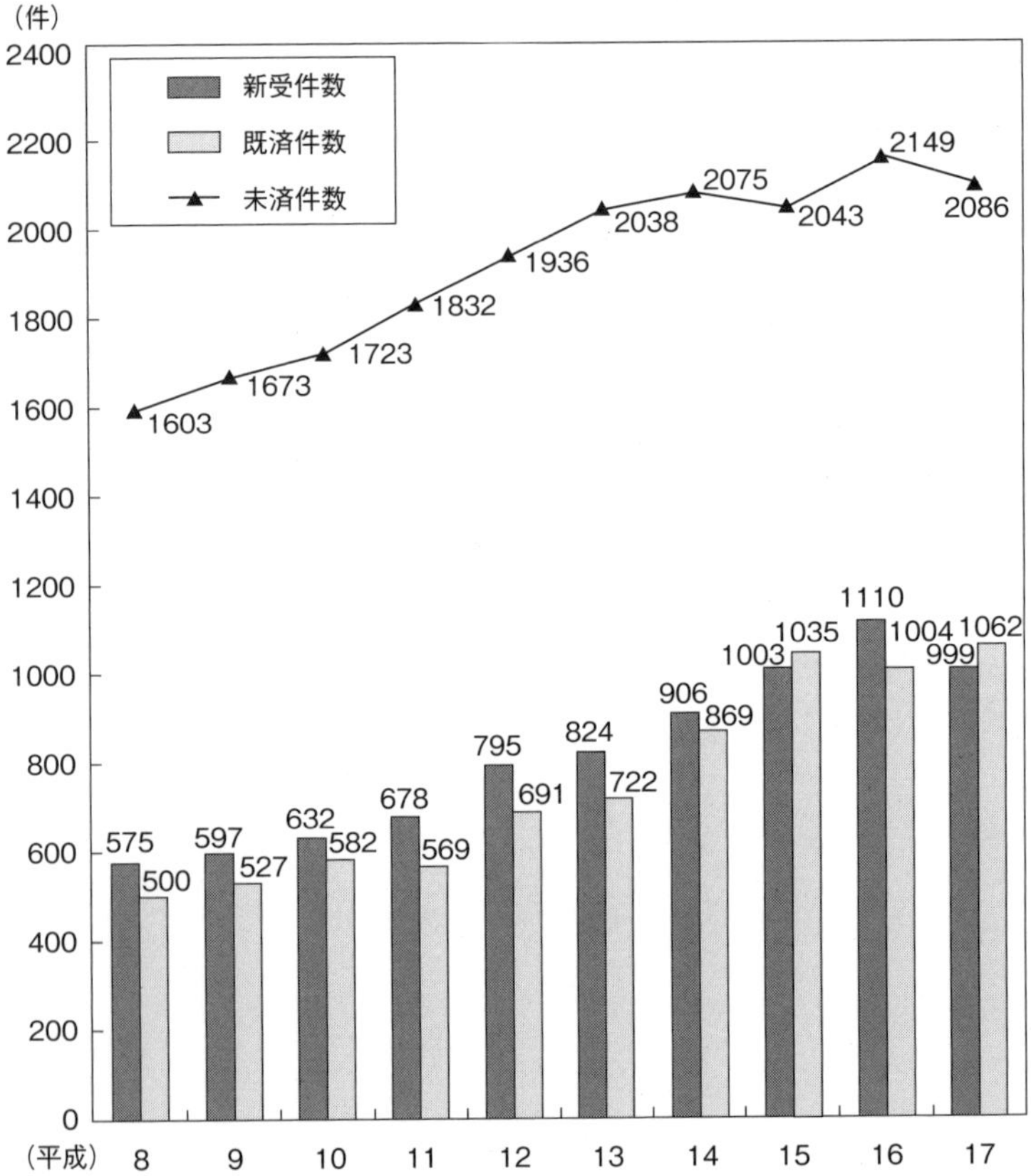

（注）1　本表の数値のうち、平成 16 年までの数値は、各庁からの報告に基づくものであり、概数である。
　　　2　平均審理期間は、各年度の既済事件のものである。

図 4　医事関係訴訟事件の処理状況（全国）

可能性もある。また、民事裁判が一度始まると、問題処理は最終的に金銭で行われようとするが、これでは、被害者の気持ちと一致しない。さらに、訴えられる側の医師も原因をつきとめ再発を防止したいと思いつつも、医療事故の真実を追究するシステムがないと、情報を隠ぺいし、それが被害者との対立を招くという悪循環を産み出す[和田ほか、2001]。

医療の安全と信頼を高めるためには、医療従事者が新しい知識と技術を身につけることだけでなく、医療提供システム全体から事故に関わる要因や条件を取り除くとともに、医療従事者同士が十分なコミュニケーションをはかることが重要である。

医療事故については、二〇〇二年以降、すべての病院と有床診療所において改善策を検討することになったが、事故情報の活用は個別の医療機関や学会などの各種団体内の取組みにまかされており、各機関を超えて活用するための体制はまだ十分に整備されていない。このため、厚生労働省では、二〇〇四年度から、医療事故の分析体制が確立されている医療機関を対象に、特に重大な医療事故事例の報告を義務化する医療事故情報収集などの事業を導入し、医療事故の予防・低減をはかっている。こうした対策が功を奏し、少しでも事故が減少することが期待される。

4　現代社会と自然災害

二〇〇四年一二月二六日、インド洋スマトラ沖でマグニチュード9.0の大地震が起き、二二万人以上の死亡・行方不明者が出た。日本はもともと地殻活動の活発な国であり、毎日のようにどこかで地震がおきている。また、台風シーズンには豪雨と強風による被害が頻発し、時に数千人規模の犠牲者を出すこともある。どんなに科学技術が発展したとはいえ、人類はいまだ自然の前になす術を知らない。

このように自然災害は、家も家族も仕事も一瞬にして人々の生活から奪い去るのだが、被害者は交通事故や犯罪のように怒りを加害者に向けることができず、その心理的ダメージは計り知れないものがある。そこで、政府は、被災市街地復興特別措置法（一九九五年）や被災者生活再建支援法（一九九八年）などの法律を制定し、被害者支援に力を入れているが、災害緊急支援の現場においてはいまだボランティアの力に頼っているところが大きい。今後、より具体的で有効な制度の確立が望まれる（第5章参照）。

ただし、自然災害とは言いながら、実は人間の自然破壊が異常気象の一要因となり、それが災害に結びついている可能性がある。つまり、自然災害も人為的災害の一種なのかもしれないのである。そうした観点から、地球温暖化防止のための二酸化炭素の排出規制を始めとして、さまざまな環境条約が国際レベルで締結されている。日本国内でも、省エネ、リサイクルなどの取り組みが日常的になされているし、防災対策は政府の最重要政策の一つに位置付けられている。しかし、その根本的な解決策はいまだ見出されておらず、われわれは地球の将来について真剣に考えなければならない。

5　被害者心理

本節では、被害者心理を便宜的に一般的反応と病的反応に分けて考察するが、本来両者を厳密に区別することはできない。また、一般的反応であるから支援が不必要なわけではないし、病的反応だからといって限られた小数の被害者に見られる反応というわけでもない。DSM-Ⅳ-TR（精神疾患の診断・統計マニュアル第四版テキスト修正版）の操作的定義を待つまでもなく、それは単に日常生活への支障の程度の違いとも考えられる。

(1) 一般的反応

被害者の反応は被害の種類、状況、個人の特性などによってまちまちであるが、一般的に、何で自分だけがこんな被害に合わなければならないのかという「怒りと戸惑い」、あのときこうしておけば良かったという「後悔と自責感」、自分の気持ちを誰がわかってくれるだろうかという「孤独感や不信感」、さらに将来への「不安や無力感」が考えられる。その他、否認、抑うつ、不安、怒り、悲哀、無力感、自責感、焦燥感などの心理的反応、不眠、疲労感、音への過敏さ、息切れ、筋力の衰え、倦怠感、口渇、食欲低下などの身体症状が出現する可能性が高い。

こうした反応はさまざまな被害時において、ごく当たり前に見られるのだが、被害者の中には自分の心の弱さがそれを引き起こしていると考え、一人で悩む人がいる。被害者の心のケアが近年かなり一般化しているとはいえ、より啓蒙に努める必要があるかもしれない。

(2) 病的反応

被害者が呈する心理的反応のうち病的なものとしては、心的外傷後ストレス障害（PTSD：Posttraumatic Stress Disorder）、急性ストレス障害（ASD：Acute Stress Disorder）、適応障害（Adjustment Disorder）、不安障害（Anxiety Disorder）、解離性障害（Dissociative Disorder）、社会恐怖（Social Phobia）などがあげられる。このうち最もよく知られているのはPTSDであろう。日本でこの名称が一般化したのは阪神・淡路大震災と地下鉄サリン事件である。その数については正確に把握されていないが、多くの潜在的PTSD患者の存在が推測される。

言うまでもなく、トラウマの体験が必ずPTSDにつながるわけではないし、トラウマ後の症状がPTSDでもない。リッツとグレイ［Litz & Gray, 2002］は、慢性PTSDのリスクとして過去のトラウマ体験とASDの有無をあげているが、実際にはそれ以外にもさまざまな環境要因や個人的要因が複雑にからみあっていると考えられる。

ASDは、トラウマとなる出来事から四週間以内に始まる特徴的な不安、解離などの症状が二日～四週間程度続く場合に診断される。また、PTSDと同様に侵入・再体験、回避、過覚醒の症状が見られるほかに、解離性の症状があることが特徴である。先にも述べたようにASDを発症した患者ではPTSDの発症が高率なので、初期にこのような症状を呈する場合には、経過を注意深く追う必要がある。

いずれにしてもこれらの疾患は、社会生活に相当の支障をきたすので、専門的な治療が必要なのは確かであろう（第4章参照）。

6　被害者への心理的支援

(1)　被害者支援の特徴

被害者支援の特徴は、何といっても対象領域の広さと緊急性にある。そして、被害者には何よりもまず生活の基盤が保障されなければならない。実際の被害者支援においては、医師、精神保健福祉士、臨床心理士、看護師、弁護士、警察官など多職種の人々が緊密な連携をとりながら進めることになるが、それぞれの支援を厳密に区分することはできない。つまり、「私は医師なので医療行為しかやらない」というのではなく、同時に心理的支援も日常生活の支援もする必要がある。したがって、支援者には、個別の専門的知識だけでなく、生活に関わるあらゆる知識と支援能力が必要になる。

(2)　心理的支援

①　体験の共有化

災害時の心理的支援は、通常保健所や精神保健センターを主体として行われるが、既に述べたように実際の活動では生活全般への支援が求められるし、支援活動をする人々の職域が多方面にまたがっており、心理支援だけを単独で実施することは現実的ではない。また、被害者の状態が心理的苦悩のレベルから精神障害まで幅広いこと、時間の経過にともない状況が刻々と変化することなど、心理的支援自体が広範囲かつ流動的な要因を多く含んでいる。

そうした前提のもとで考えなければならないのが、喪失体験への心理的支援である。人は、あまりに大きな衝撃を受けたとき、否認の機制が働いたり、周囲の人々が被害者への配慮から一切の刺激を遠ざけようとしたりする。しかし、これでは、なかなか悲しみは癒されない。

被害感情を吐き出させる手法にデブリーフィング（debriefing）がある（第4章、第5章参照）。この技法については、近年その効果に対して否定的な見解が主流になりつつあるが［広常・小川、2003］、このことは被害者の気持ちを聞かなくていいことを示しているのではない。被害者自らのペースで自己表現をし、信頼できる誰かに受容、共感してもらう体験は被害者の心理的支援において何より重要と考えられる。犯罪被害実態調査研究会［2003］によると、事件の直後、八割の人が「不安だった」と感じ、半数以上が「誰か傍にいてほしかった」と支えを求めている。必要とする支援として、事件直後は「傍で話を聞いてくれること」「警察や病院への付き添い」、二年以上経過した後は「傍で話を聞いてくれること」「カウンセリング」をあげる人が多かった。町沢［1998］が「日本人は様々なトラウマに対して皆と一緒に耐え、皆と一緒にいることや、周囲のさりげない心遣いによって癒されていく傾向が強い」と指摘しているように、多くの場合、被害者の心の傷は体験の共有化によって回復していくと思われる。

また、被害者の心の負担は大きいものがあるが、だからといって心の傷をことさら強調することは避けなければならない。基本的に被害者は元来精神的に健康な人々である。自尊心や自立心を損なわないようにしなければならない。

② 加害者の謝罪と裁判外紛争解決

被害者の心理的な傷を癒す方法のひとつとして加害者の謝罪がある。特に犯罪被害者においては、近年修復的司法の研究が進んでいる（第7章参照）。謝罪には誠実な謝罪（真の謝罪）と道具的謝罪（罰や孤立感など何らかの目的を達成するための謝罪）があり、後者の場合、被害者の心の傷が癒されることは難しい。中川ら［2005］は、誠実な謝罪の必要条件はすでに六歳で整うことをいくつかの調査によって明らかにしているが、実際の謝罪においてどの程度誠実な謝罪がされているだろうか。例えば、加害者の多くは自尊心の傷つきを恐れてか、自らの非を認めることが少ない。さらに、交通事故などでは容易に謝罪することは賠償責任に結びつくので、安易に謝罪しないようにアドバイスされることさえある。

これは、近年注目されている裁判外紛争解決（ＡＤＲ：Alternative Dispute Resolution）においても強調されなければならない。裁判外紛争解決とは、身の回りで起こるさまざまな紛争について、裁判を起こすのではなく、当事者以外の第三者に関わってもらいながら解決をはかるものである。例えば、医療事故に関しては、日本医師会がこれを行っている。

被害者から医師に対して医療事故の損害賠償の求めがあった場合には、同会と損害保険会社が設置する調査委員会が紛争の実態を調査し、賠償責任の有無、賠償責任額などについて審査する。紛争当事者が審査結果に合意すれば、紛争処理・解決の手続きを行う。ただし、現在のところ審査の結果に対して法的効力がない、保険未加入の医師に対して担保されない、などの問題点があり［植木、2003］、今後の研究が期待される。

③ 心理療法と薬物療法

ストレス障害の治療には心理療法と薬物療法がある。トラウマには強い不安が結びついていることが多いため、心理療法としては認知行動療法、ＥＭＤＲ、エクスポージャー法などの支持的な心理療法が重要な役割を果たす（第４章、第９章参照）。また、薬物療法としては、抗うつ薬、特に選択的セロトニン再取り込み阻害薬（ＳＳＲＩ）、三環系抗うつ薬、モノアミン酸化酵素（ＭＡＯ）阻害薬が効く場合がある。

(3) 子どもへの支援

児童・生徒が重大な事件や事故の被害にあった場合、基本的には成人と同じように注意散逸、感情の麻痺、過覚醒といった反応を示すことが多い。ただし、児童生徒は発達途上にあるため、頭痛や腹痛のような身体症状や不登校、非行のような問題行動としてあらわれることも少なくない。

そうした反応を不必要に長引かせないための対応として、危機対応がある（第６章参照）。

しかし、それが特別な支援であることを強調しすぎると、不必要な偏見を生み出す恐れがある。そこで、児童・生徒への危機対応においては、その拠点を学校に置いて、支援活動を日常空間に溶け込ませることが必要である。すなわち、実際の活動は教室で行うのが効果的であり、理想的なのである。

実際の危機対応は、大きく個別対応と集団への働きかけの二つに分けることができる。個別対応の具体的方法としては、さらに個別カウンセリングと直接的支援に大別される。ただし、カウンセリングによって気持ちを整理するだけでは十分な支援とは言えない。警察の事情聴取、社会保障制度の活用、加害者との交渉など被害に遭ってはじめて体験することが多く、それらに対する支援も必要になる。また、学校集団へのコンサルテーションにおいては、児童・生徒の不安を和らげるとともに、学校側に支援方針を理解してもらうために教員にも立ち会ってもらうことが望ましい。

事件・事故の危機対応においては、電話相談、家庭訪問などのサービスが早期の段階から行われている。いわゆる面接相談の枠とは異なり、相談時間に制限がなく、匿名で受け付けることもできるというメリットがある。また、情報提供としての機能も大きく、実際的な情報を提供することによって、利用者が安心して心の問題に取り組めることがある。したがって支援に有用な情報があればできる限り収集しておき、いつでも相談者に伝えることができるように準備しておく必要があるだろう［前田ほか、1999］。

また、教職員対象の研修、生徒に対する心理教育、大学院生が児童の遊びを誘発する役割を取ったり、フリースペースが学外で実施されたりもする。このようなグループによるアプローチは、事件や事故によって孤立しがちな被害者やその家族に、他者とのつながりの機会を提供する貴重な機会となる。

また、事件、事故による直接の被害だけでなく、マスコミによる二次的、三次的被害が被害者やその関係者にもたらす影響について社会全体で考えるべきであるし、支援者自身も間接的な加害者になりうるという認識も必要である。多くの被害者は、その後の人生においても、事件や事故によって負った心の傷を一生背負って生きていかなければならない。支援の一時的な盛り上がりが、被害者にとって二次被害になりうることにも留意して、長期的なサポート体制を整えていく必要がある。

(4) 支援者への支援

本論の主旨は被害者への心理的支援であるが、被害者支援を考えるとき、どうしても支援者への支援も考えざるをえない（第9章参照）。すでに述べたように、被害者を取り巻く人々の精神状態が被害者の心の回復に大きな影響を与えるし、何より家族など、被害者との関係が深い人々は支援者であると同時に加害者にもなりうるからである。

被害者支援の現場は日常生活とは大きく異なっており、被害者の困難な生活について見聞きすることそのものにもつらいものがある。そうしたことを無視して働き続けると、支援者に特有のストレスの問題が現れてくることがある。これは二次的外傷性ストレス（Secondary Traumatic Stress）と呼ばれている［Stamm, 1999］。例えば、警察官は悲惨な状態の被害者に出会って、立ち尽くす経験を持っている人が多いが、その傷ついた体験を心のなかにしまい込んで、平然とふるまい、慣れによって対処しようとする傾向がある。
このような場合の対処としては、まず、つらい話を聞いて、自分自身が傷ついたり無力な人間であると感じることは普通のことだと知ることである。次に、休息をとることの重要性があげられる。一旦戻って休憩し、また元気になって参加した方が、他の人のためにも役に立つ。三つ目は、支援者間での体験の共有である。実際、ボランティア同士で体験を話し合うことでようやくひと息つける人も少なくない。

7 おわりに

二〇世紀に入り、学問はその発達とともに領域の細分化が進んだが、近年になって隣接領域の研究者が協力し、学際的に研究することの重要性が指摘されるようになった。そのような中にあって、被害者学は一九五〇年代に始まった比較的新しい学問で、一九八〇年代以降飛躍的な発達を遂げている。今後、被害者学は、心理学、社会学、法律学など、より広い視点で研究されていくだろう。

（丹治光浩）

引用・参考文献

犯罪被害実態調査研究会　2003　『犯罪被害者実態調査報告書』（http : //www.npa.go.jp/higaisya/higaisya7/031218taisakushitu.pdf）

広常秀人・小川朝生　2003　『危機介入としての「デブリーフィング」は果たして有効か？』日本トラウマティック・ストレス学会（http : //www.jstss.org/topic/treatment/treatment_05.html）

法務省　2006　『平成一八年版　犯罪白書』（http : //www.moj.go.jp/HOUSO/2006/index.html）

警察庁　2006　『平成一八年版　警察白書』（http : //www.npa.go.jp/hakusyo/h18/honbun/hakusho/h18/index.html）

厚生労働省　2002　「医師及び歯科医師に対する行政処分の考え方について」（http : //www.mhlw.go.jp/shingi/2002/12/s1213-6.html）

交通事故被害実態調査研究委員会　1999　「交通事故被害実態調査研究報告書」（http : //www8.cao.go.jp/koutu/sien/sien2-321.pdf）

Litz, B.T., Gray, M.J., Byant, R.A. & Adler, A.B.　2002　Early intervention for trauma : Current states and future directions. *Clinical Psychology : Science and Practice*, 9(2), 112-134.

前田真比子・井ノ崎敦子・岩崎直子　1999　「被害者への心理的援助—電話相談の経験から」『女性ライフサイクル研究』第９号

町沢静夫　1998　「ＰＴＳＤの心理療法について」『精神療法』第24巻第４号 340-341p.

松井　豊　2005　『惨事ストレスへのケア』ブレーン出版

中川美和・山崎　晃　2005　「幼児の誠実な謝罪に他者感情推測が及ぼす影響」『発達心理学研究』第16巻第２号 165-174p.

大阪地方裁判所　2006　「医事関係訴訟事件の処理状況（全国）」

（http：//www.courts.go.jp/osaka/saiban/medical/pdf/toukei_zenkoku_01.pdf）

Stamm, B.H.（Ed.） 1999 *Secondary traumatic stress：Self-care issues for clinicians, researchers, and educators.* Sidran Press.（小西聖子・金田ユリ子（訳） 2003 『二次的外傷性ストレス』 誠信書房）

丹治光浩 2004 「児童精神科臨床からみた現代の子どもと子育て」」『花園大学社会福祉学部研究紀要』 第12号 1-8p.

植木 哲 2003 『医療の法律学（第2版）』 有斐閣

和田仁孝・前田正一 2001 『医療紛争メディカル・コンフリクト・マネジメントの提案』 医学書院

第2章

被害者との向き合い方

――被害者性とエンパワーメントの視点から――

1 はじめに

近年、犯罪被害者支援に関する動きが加速してきている。二〇〇〇年に刑事訴訟法が改正となり、被害者の法廷での証言時に、被害者に対する配慮がなされるようになった。同じ年に犯罪被害者保護法が制定され、公判傍聴の配慮、記録の謄《とう》写・閲覧、刑事和解の手続が定められた。そして、二〇〇七年の刑事訴訟法の改正では、被害者や遺族が被告や証人に裁判で質問や求刑の意見を求められる被害者参加制度が設けられ、二〇〇八年一二月から施行されることとなった。これまで犯罪被害者は法廷に参加することはもちろん、事件記録を読むことすら認められておらず、その意味ではまったく蚊帳の外に置かれていた。そのことを踏まえると、被害者支援に関する一連の法整備は、被害者にとってまだまだ不十分なものではあるが、従前に比べると前進していることは間違いない。ただ、今後もいっそう犯罪被害者の利益になる制度改革を推し進めていかねばならないことは言うに及ばない。

ところで、被害者は何も犯罪被害者だけを指すわけではなく、事故や自然災害の被害者、ドメスティック・バイオレンス（以下、ＤＶ）や虐待の被害者までも含めると考える立場がある。一九八五年の「犯罪およびパワー濫用の被害者のための司法の基本原則宣言」（いわゆる国連被害者人権宣言）にあるのはまさにそれであり、「被害者とは、違法な作為または不作為によって、身体的・精神的・経済的な被害を受けた者を言い、加害者が特定され、逮捕され、訴追され、有罪の判決を受けているか否かにかかわらず、また、加害者との間に親族関係があるか否かにかかわらず、被害者とする。被害者には、被害者を助けようとし、または、被害を防ごうとして被害を受けた者も、含まれる」と定められている。

さて、本論を記述するに際して、被害者をどのように定めるのかは非常に重要である。家庭裁判所で長年調査官として勤めてきた筆者としては、犯罪被害者を念頭に置き、専門家としてどのように被害者と向き合えばよいのかをこれまでの経験を振り返りながらまとめてみたい。ただ、犯罪被害者以外の被害者について言及する際にはどのような被害者かを明示した上で、それを取り上げていくことにする。

2　調査官としての被害者との出会い

犯罪被害者支援の動きは、刑事事件だけに限らず、少年事件にも当然影響をおよぼした。二〇〇一年四月の少年法の改正時には、被害者に関しては、記録の閲覧・謄《とう》写が認められたり、被害者が意見を述べる被害者陳述の制度ができたり、求めれば審判結果を被害者に通知される規定が定められた。

これまで長く少年実務に携わってきた一人として、改正当時の筆者はこの被害者制度の導入に対して少なからず戸惑いを感じた。なぜなら、それまでは少年法の目的にあるように、少年の健全な育成を主眼に、いかに少年を非行から更生させるかだけを考えればよかったが、改正後ではそこに被害者の視点を大幅に組み入れる必要性が出てきたからである。もちろん、今も少年法の目的が少年の健全な育成にあることには変わりないし、それを否定するものでは決してない。また、少年の処遇や更生を考える際には、被害者のことを抜きには考えられないことは当然身につけておくべき実務感覚なのであるが、導入当初は少年の要保護性に被害者という視点をどのように位置づければいいのか迷った。要するに、加害者という少年とその対極に位置する被害者に、調査官としてどのように向き合えばよいのかがわからなかったのである。そのように感じたのは、決して筆者だけではなかったかもしれないし、あるいは今も調査官の中には同じような葛藤を感じたり、同一事件の中で少年と被害者にどのように向き合えばよいのかと悩んでいる者もいるかもしれない。

そんなときに、筆者はある重大事件の調査を担当することになり、事件の被害者にも会うこととなった。それまでにも別の事件では何度か被害者と会ってはいたが、この事件の被害者との面接ほどインパクトを受けるものではなかった。筆者にとっては、この体験は被害者と向き合った原体験とも言うべきものであった。今から振り返ってみても、筆者がこのときに被害者と出会えたことが、当該事件の少年に対してだけでなく、別の事件の少年に対してもプラスに作用しているように感じられる。ここでは、守秘義務の関係から事件や当事者のことは詳細に述べられないが、そのときの筆者の考えたことや心に浮かんだことを中心にここに記したい。

その事件はマスコミを騒がす重大事件であったため、調査官も複数の者が担当することになった。通常の事件よりも綿密な調査がなされ（調査官とは別に、精神科医による精神鑑定がなされた）、少年に対しても保護者に対しても多くの回数の面接が重ねられた。ただ、被害が尋常ではなかっただけに、被害者に会うことなしには事案の解明がはかられず、少年に対する適切な処遇選択ができないと感じていた。しかし、調査のどの段階で被害者に接触を持てばいいのか相当に迷った。結局、調査段階の後半になって被害者に連絡し、被害者も裁判所で意見を述べたいとの希望もあって、筆者と面接をする運びとなった。

その被害者は調査官であった筆者に対して、事件時の動転や混乱の様子を非常にリアルに語り、事件を境にしてそれまでの生活が一変し、不安と苦悩の連続の日々であったことを涙ながらに話された。筆者はそんな被害者の語りを聴いていると、目の前の被害者だけがどこかタイムスリップしたように、あるいは被害者だけに流れる時間があるという不思議な感覚を持った。これはこれまでの少年や保護者と面接している状況や雰囲気とはまるで違う異次元での空間であった。そこでは被害者のあまりにもリアルな心情が浮き彫りにされるとともに、不安や恐怖を今も抱えながらも家庭や生活を再建させ、必死で被害からの回復を試みようとしている被害者の姿があった。

このような被害者と向き合う経験を通じて筆者が感じたことは、少年（犯罪者）と被害者は対極には位置していないということである。この被害者と出会うまでは、筆者は財産犯の被害者や身体的にも精神的にも被害がそれほど甚大ではない被害者と接触することが多かったせいもあるのか、被害者を少年（犯罪者）と対極の位置関係にあると受け止めており、（お金などの財産を）取った者と（財産を）取られた者との関係でしか見てこなかったのではないかと反省させられた。このことに関して、諸澤［1998］は被害者学と犯罪学との違いについて、「犯罪学が犯罪（すなわち、犯罪者と被害者）についての学問であるのに対して、被害者学は、被害（すなわち、被害者と加害者）についての学問である」（**図1**）と述べている。つまり、被害者学にとっての重要な研究テーマは、被害者としての人間だけでなく、被害という現象でもあるというのである。筆者がこれまで見ていた被害者は犯罪学から見た被害者であり、被害者学としての被害者ではなかったのかもしれない。もう少し補足すると、筆者が見ていた被害者は加害をした少年の対極に位置する被害者であって、被害を受けた独自の存在としての被害者には向き合っていなかったと感じられたのである。少なくとも、この重大事件の被害者と向き合うまではそうであった。

ところで、現行法上での少年法の枠組みの中で、被害者が独自の権利として保障されていることはほんのごく一部であり、被害者調査にしろ被害者の意見陳述にしろ、少年の要保護性の判断の一つの材料であったりする。その意味では、被害者を少年と対極する位置づけで見ていることに変わりがない。おそらく、被害者が心底求めているのは、少年（加害者）と対極する被害者ではなく、被害者独自の固有性を最優先に尊重してくれる視点であり制度なのである。それには解決されなければならないさまざまな問題も多いが、被害者支援の観点からは、最終的にはその実現に向けた取り組みや社会の理解が不可欠なのである。

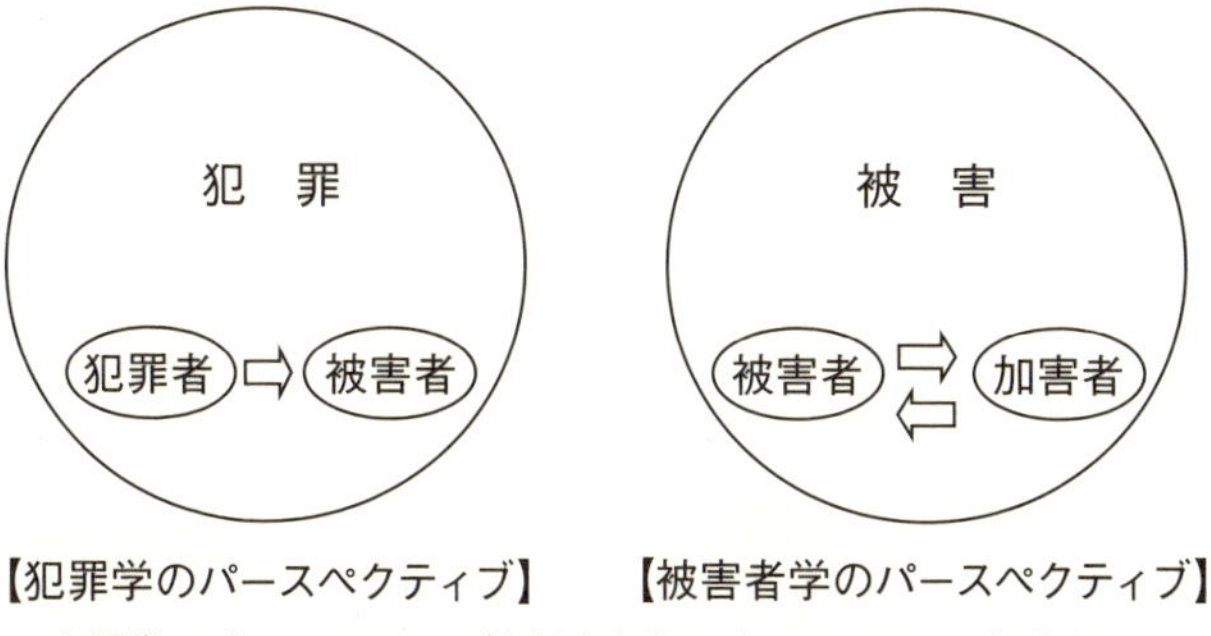

図1　犯罪学のパースペクティブと被害者学のパースペクティブ［諸澤、1998］

3 被害者性の認識

(1) 被害者との関わりの難しさ

次に、被害者支援をする上で、専門家はどのように被害者と向き合い、関わっていけばよいのであろうか。

先にも述べたが、被害者はタイムスリップに陥ったかのごとく、自身の独自な時間の流れの内にとどまっているように筆者には感ぜられる。その理由についてはいろいろ考えられるが、端的に言ってしまえば、心の傷があまりにも深いために、警戒心から他人を信用できなくなり、恐怖心や不安感にとらわれ続け、現実の時間の流れに自己を対応させることができずにいる。しかし、一方で被害者は気丈に振る舞ってはいるものの、自分でもどうしようもないほどの情緒不安定さを抱え、誰かに手をさしのべて欲しいと必死で救助のサインを送っているのである。

このように被害者の心理状態は複雑であり、専門家であっても、それを把握するには困惑をきわめる。被害者を力づけようとして、「死なずにここに生きているだけでもよかったと思わなきゃ」などと家族が安易な慰めをしてしまったばかりに、さらに被害者は傷付いたりする。あるいは、「いつまでもくよくよせず、早くよくなってほしい」という言葉かけをしたばかりに、被害者の時間の流れを余計に狂わせてしまい、かえって体調を悪くさせる例もある。そんな被害者に対して、専門家が被害者の時間の流れに踏み込んでみたものの、何もしてあげられないという無力感だけが残り、専門家自身が落ち込んでしまったという話も一つや二つではない。

被害者は犯罪によって被害を受け、社会によって二次被害、三次被害を受けやすい。マスコミによる取材攻勢や「被害者側にも事件の原因があるのでは」などいった類の根拠のない情報、周囲の配慮のない言葉や冷たい視線などがその代表的なものである。心が弱り果て、心身とも疲労が極限状態まで蓄積している被害者であるため、何気ない一言が被害者を思わぬところで傷つけたり、苦悩を倍増させてしまうことを特に専門家は理解しておかねばならない。

その中で、筆者が被害者支援をする際に、もっとも重要と思われることとして、「被害者が被害者性の認識をしっかり持てること」を最初にあげたい。なぜなら、被害者は思いのほか、自分が被害者であるという認識に欠けている場合があるためで、その認識を持つことが回復への第一歩だと考えるからである。

(2) 犯罪被害者の被害者性

では、なぜ被害者は自己の被害者性を認識できないのであろうか。それにはさまざまな要因が考えられる。犯罪被害者の遺族の多くが、犯罪直後の混乱の中で、葬式もろくにあげられず、故人にお別れの言葉もかけられず、じっくり悲しむことさえできぬまま、あっという間に数ヶ月が過ぎてしまう。あるいは、被害者の中には、事件のことを思い出すと恐怖心がよみがえるので、日常の仕事に没頭した生活を送る人もいる。ときには、事件直後のマスコミの取材攻勢に思考が混乱し、自分が何か悪いことでもして社会を騒がせた張本人であるかのような誤った錯覚に陥り、被害者性を実感できない人もいる。中には、自分を被害者として認識してしまうと、それだけで弱者のような感覚になってしまい、人生の敗者のように感じ、逆に立ち直れないという人もいる。

少年事件の被害者に限って言うならば、刑事事件とは違って審判の傍聴が認められず、犯人である少年の顔はもとより、審判日などの少年に関する情報がほとんど入ってこない。そのような被害者としての立場を制度上もなかなか保障されない状況の中で、被害者が自分が被害者であるという認識を持ちにくいのも確かである。また、マスコミなどで少年の悲惨な家庭環境や生い立ちが報道されると、被害者は自分の被害者性が薄められるような感覚を抱いてしまう。ましてや、そんな少年に対して、厳しい処分を求めるなどと社会に訴えると、本当は自分が被害者なのに逆に加害者のように誤解され、理不尽な批判にさらされることもないとは言えない。

このように被害者が被害者性を認識できることが、被害者支援として取り組まなければならない重要な課題である。被害者であるから、加害者に対して怒りや憤りを感じるのは当然である。周囲のことを気にしてその感情を封印してしまうことがないように、ありのままの気持ちを表に出せるように配慮していくことが何よりも必要である。ちょっとしたことでも事件のことが思い出され、涙が出て止まらないといった感情、犯人は逮捕されたが、いつまた社会に戻ってくるのだろうかといった不安感、なぜ自分が被害者になったのか考えても考えてもわからず、自分に非があったのではないかと考える不必要な自責感、「事件前の生活を返してほしい。何もかもを元通りにしてくれるまでは犯人を許さない」という主張、どれを取っても被害者にとっては当然の言動や感情である。これらの気持ちを抱くことはおかしなことではなく、むしろ何の落ち度もない被害者としては持って当たり前の感情なのである。

ただ、被害者が被害者性を意識しにくい理由はそれほど単純ではない。被害者の中には心的外傷後ストレス障害（PTSD）を負っている人も少なからずおり、その症状の大きな特徴である過覚醒、侵入、無力化などがそれに影響を与えていることもある。ハーマン［Herman, 1992］はその一つの例として、レイプを受けた女性被害者が危険な現場に再び近づく傾向について、「外傷の瞬間を再演して、危険な出会いの結果を変えようという幻想を抱く」と説明している。つまり、レイプを受けた光景が被害者の中で何度も何度も再現され、そのような自分から脱却するために、自分が被害者であることを否定し、加害者に屈したくないと考えるあまりに、さらなる危険な目に遭ってしまうのである。ここに、被害者が被害者性の認識を持つことへの大きな抵抗がよく示されており、それだけに被害者性を認識させることの難しさがある。しかし、いずれの被害者であっても、ありのままに被害者が内面をさらけ出し、それを評価を加えられることなく受け入れてもらえる体験こそが、被害者性の認識を生み出すきっかけになることは間違いない。そこに、回復の手がかりが隠されていることも少なくないのである。

(3) その他の被害者と当事者性

被害者が被害者性の認識を持ちにくいことは何も犯罪被害者に限らず、ＤＶや虐待の被害者にも言えることである。ここでは、それらの被害者を取り上げながら、なぜ被害者が被害者性を持ちにくいのかを別の角度から考えていきたい。

まずＤＶの被害者についてであるが、それらの被害者は配偶者から殴られた後、いったんはシェルターに隠れたりするものの、しばらくすると配偶者のもとに戻ってしまいやすい。配偶者の暴力が生命の危険をともなうひどいものであったとしても同じである。「夫は殴ったことをきっと後悔していると思うから」、「もう二度としないと反省しているから」と言って、被害者は加害者の暴力を帳消しにしてしまう。しかし、その後も配偶者の暴力は定期的なサイクルで繰り返され、被害者は配偶者のもとを出たり入ったりしているうちに、自分が被害者であるという認識さえ麻痺してしまい、無気力な状態に陥ってしまう。このようなＤＶの被害者は、自分がいなくなると配偶者が困り果てて可愛そうに感じたり、ときには配偶者の暴力が自分のせいであると思い込んだり、配偶者の暴力をなんとか自分がコントロールできるのではないかと考えることもある。要するに、さまざまな思いこみが被害者性を認識させない結果となってしまう。

ＤＶだけに限らず、家庭内に起こる暴力の被害者には、多かれ少なかれ、同じような理由で被害者性を認識できない場合が多い。例えば、思春期の子どもが親に暴力をふるったり、子どもが加害者となる高齢者虐待の場合など、被害者である親は重傷を負っていても子どもが可愛そうだと警察への通報に消極的となったり、自分だけが我慢すればと思い込み、誰にも救助のサインを発せず介入の時機を失することもよくある。

DVや虐待における虐待的な人間関係では、上記のような虐待者と被虐待者の間に特殊な関係が生じることも少なからずある。西澤［2004］はこれを「トラウマ性の体験による結びつき」と称し、被虐待者が虐待者に対してしがみつき的な結びつきを求めるが、トラウマゆえにさまざまな歪曲をともなったものとなりやすいと説明している。そのため、外から見ていると、虐待者から逃げ出せばいいのにと思う状況でさえ、被虐待者は虐待者のもとを離れようとはせず、虐待者にしがみつくのである。

これに類した加害者と被害者の特殊な人間関係として、「ストックホルム症候群」があげられる。この症候群の由来は、一九七三年にストックホルムの銀行で犯人が人質をとって立てこもった強盗事件から来ている。一週間後に人質は解放されるのであるが、人質となった被害者らは犯人を憎むどころか、口ぐちに犯人をかばう発言をし、逆に警察に対して侮蔑する態度を示した。そして、人質の一人が犯人の一人と結婚までしてしまうのである。つまり、この症候群は、被害者が必要以上に犯人に同情や連帯感や好意を抱いてしまう現象のことを指すが、これも一つの「トラウマ性の体験による結びつき」であると言えるかもしれない。ここにも、加害者と被害者といった人間関係が通常では考えられない特殊な人間関係を生じてしまい、被害者でありながら、自分が被害者として認識できなくなってしまう特徴が見受けられる。

さらに、児童虐待に目を移すと、その傾向はより顕著になる。親からの虐待行為を親の愛情表現のように子どもが受け取ったりする。中でも、年齢のいかない女児に対して性的虐待を加える親は、「こんなことをするのはお前が好きだからするんだよ」と言い含めるため、大きくなるまで性行為は親の愛情の証だと思って育った人もいる。また、児童虐待は世代を超えて連鎖しやすいとされる「世代間伝達」を取り上げても、自分が子どもにしている行為を虐待と認めてしまうと、同じことを自分の親からされてきた自分は被虐待児であったことを認めることになる。そのため、自分が虐待の被害者である認識を否認し、「自分も子どもの頃には同じように育てられた」と言って、自分の子どもへの虐待行為を正当化させてしまう。このような親にとっては、自分が被虐待児であったことを認めることは惨めでつらいことかもしれないが、次世代に虐待を連鎖させないためにも、自分の被害者性を認識することは欠かせない問題である。

以上のようなＤＶや家庭内暴力、虐待のいずれの被害者に共通する被害性の認識の持てなさには、自分が被害者であることを認めない「否認」という防衛メカニズムが働いている。この否認のメカニズムは加害者側にだけ働くわけではなく、被害者側にも頻繁に生じる現象である。その背景には、「自分は愛されるべき存在であるのに暴力を受けるなんてありえない」、「虐待を受けるなんてあまりにも自分が惨めでならない」といった心理が働き、自分を守るために被害者性をどこか否定してしまう。信田［2002］は被害者性という言葉を使わず、「当事者性」として取り上げ、「当事者性をもたなければ外部に援助を求めることは困難である。援助者の側も、求められなければ従来は動けなかった。しかしそのような姿勢が被害者に対して重大な人権と生命危機をもたらすことは、すでに多くの事件で明らかになっているのだ。したがって『当事者性のなさ』こそが、外部からの介入を必要とし、正当化し、要請しているのである」と述べている。いずれにせよ、被害者が自分の被害者性（当事者性）を認識することが回復の第一歩であるし、同時にわれわれ援助者の支援の足がかりとなるのである。

4 パワーを持つこと

(1) エンパワーメントとは

被害者は自己の被害者性の認識を持つことが重要であるが、仮にそれらの認識を持てたとしても、すぐに立ち直れるわけではない。それには不安や恐怖をはじめとするさまざまな葛藤に立ち向かっていかなければならない。憔悴しきっている被害者には、日常の社会生活を送ることすらできないのに、警察への出頭など思いのほかやることが多く、ますますエネルギーを消耗させられる。ときには、日常のことが手につかなくなり、動く気力すらおこらず、しばらく寝込んでしまうケースも少なくない。

パワーを消耗しつくしてしまっている被害者に対して、周囲の者や援助者がしなければならないことは、被害者にパワーを持ってもらうことであり、それが何よりもの支援や援助となる。つまり、「エンパワーメント」こそが被害者への支援には欠かせない視点なのである。

森田［2006］はエンパワーメントについて、「人は皆生まれながらに様々な素晴らしいパワーを持っているという人間観から出発する。そのパワーの中には自分を癒す力、降りかかってきた問題を解決する力、そして人権というものもある」と説明している。そして、このような前提のもと、いじめ、体罰、虐待、暴力などの個人のパワーを傷付ける外からのさまざまな外的抑圧によって、「自分はたいした人間ではないのだ」と自分で自分のパワーを傷付けてしまいやすいが、本来持っている力を取り戻して、自分への信頼を回復させ、自分の尊さや素晴らしさを再び生き生きと息づかせることがエンパワーメントであると述べている。同じような趣旨で、長井［2004］も被害者が精神的被害から回復することは、「無力感と孤立無援感に圧倒されている被害者のストレスをわずかでも和らげ、また主体性ないし自己決定能力を回復すること」であると述べ、被害者の観点からすれば、「自分には自分で判断し、自分で意思決定する力があるのだという感覚を取り戻すことであり、また自分にとって大切な人々との間に信頼の絆があるという感覚を取り戻すこと」と指摘している。

(2) 聴くことの意味

では、エンパワーメントを具体的にどのように行っていけばいいのだろうか。

まずは被害者の話を被害者の立場にたって、ありのままに聴くことが必要である。筆者の経験でいうと、被害者の感じ取る時間や空間に共感的な理解を示し、不安や恐怖、腹立たしさなどの率直な気持ちを被害者が表現できることを何よりも尊重することが大切である。何とかしてほしいと藁《わら》をもつかむ思いを抱いている被害者に対して、援助者は何か役に立つことを被害者にしなければならないと感じてしまい、即効的で効果的なアドバイスをしたくなるのが人情かもしれない。しかし、心が深く傷付いている人に対して、こちらが発する安易な励ましや慰めは安っぽい台詞でしかない。せいぜい「ここまでよくやってこられましたね」と言うだけが、実際のところは精一杯である。それでもこちらが相手の話を聴くことに全力を注いでいると、被害者は少しずつでも自分を表現でき、自分の中にため込んでいる感情を出せるようになっていく。そのことが被害者の不安感を多少とも軽減させることにつながったり、肩の荷をおろすことにもなる。仮に、それが一時的であったとしても、本来の自分に戻れることがいっときでもあればそれで十分である。

このような関わりの中で、被害者はしだいに自分の中にあるパワーに気付き、自分で考えたり動けるのだという体験を少しずつ積み重ねていく。そして、被害を受ける前の自分を多少とも取り戻すことができれば、今度はいろんなことに対しての決定権を持っていることもわかってくる。この決定権とは、その人が主権を回復させることに他ならず、「自分が自分でいられることだ」と言っていいかもしれない。

考えてみると、被害者は被害を受けたことによる精神的なショックから、自分が自分でないような体験を繰り返すわけである。「どうして私がこんな目に遭わねばならないのか?」、「警察で事情を話しているのは現実ではなく、テレビドラマを見ているように感じる」などと言うのは、どこか自分事ではなく非現実的な体験のように感じてしまっていることを示している。それを被害者によっては「何かに操られているような感覚」と表現する人もある。いずれにせよ、自分という領域を何かに占領され、主権をなくしてしまった状態であり、それを取り戻すことがエンパワーメントと言える。そのためには、聴くこと、もっと正確に言えば、被害者の話をすべてありのままに聴くことが何よりも求められる。それはカウンセリングの大原則でもある。聴く行為は受け身的で主体性がないかのように感じられるかもしれないが、実はまったく逆で、聴くことは非常に能動的な行為であり、相手にパワーを与える源となるのである。

(3) その他の被害者へのエンパワーメント

このエンパワーメントについては、犯罪被害者に限らず、DVや虐待の被害者、事故や自然災害の被害者などにも当てはまる。配偶者や親からの暴力や虐待などは、被害者にとっては意図しないところで強引に自分の中に侵入される出来事である。言わば、被害者は舵《かじ》が取れないままに大海を漂流する船舶のように、自分をコントロールすることができない。ましてや事故や自然災害となるとますます自分の力ではどうしようもなくなり、その被害に遭うと、主体性を根こそぎ奪われてしまう感覚に陥ってしまう。

DVの被害者の中には、繰り返される被害が深刻になるほど、暴力者から逃げようとする気力や別れようとする思考がストップしてしまう。これなどはまさに被害者が自分を見失い、主体性を欠いてしまった結果と考えられる。

また、児童虐待では、本来なら一番の愛情の送り手である親から虐待を受けるのであるから、子どもの方は自分が大切な存在であると思えなくなり、悪い自己イメージをずっと背負っていかねばならなくなる。そのことが思春期になって、「自分なんかどうでもよい」と考え薬物に手を出したり、性的な逸脱行動を繰り返したり、リストカットなどの自傷行為に発展してしまう。これらのことも、言い方を換えれば、自分が尊重されるべき存在であることを否定し、自分らしく生きることを放棄してしまった結果と考えられる。

それらの被害者にも、エンパワーメントが必要である。つまり、自分の中には自分らしく生きられる力が存在するのだという感覚を取り戻し、さまざまなことが自分でコントロールできるという主権を回復させることが重要である。

(4) 被害者支援での陥りやすい問題点

エンパワーメントには全力で聴くことが何より求められると述べたが、それを実行することは決してたやすいことではない。被害者の中には、被害が甚大であったり、被害者が死亡し、その遺族が被害者となっている場合などがあり、彼らの怒りは質的にも量的にもさまざまで、ときにはこちらの想像を超えるものも珍しくない。「犯人を殺してしまいたい気持ちだ」、「このままでは死んでも死にきれない」といった話が延々に繰り返されると、聴いている方はしだいに不安に駆られてしまう。そして、ついつい聴くことを躊躇《ちゅうちょ》し、被害者の話の流れを遮ってしまったり、意識的であれ無意識的であれ、被害者への共感が鈍くなってしまう。

どのような被害者であれ、先の見通しを失って自分を傷付けたり、恨みを晴らす手段が社会的な逸脱行為となってはいけない。援助者としてはそこにストップをかけなくてはいけないのは当然であるが、そのタイミングを間違えると、被害者は「自分の話を聴いてくれない」と不満を持ったり、「自分のことを理解してくれない」と感じるなどして、二次被害にまで発展しかねない。援助者は被害者の話をありのままに聴いていき、目の前に横たわるさまざまな問題との兼ね合いの中で、被害者に寄り添い続けていかねばならない。そのためには、援助者に相当な力量がなくてはならないし、一緒に歩んでいくといった相当な覚悟も必要となる。そこができないと、実際には被害者の話を聴いているつもりでも、聴いていることにはならないのである。

もう一つの被害者支援での陥りやすい問題点は、被害者のパワーに圧倒されてしまうことである。これまでは、被害者には自分の中にあるパワーを自覚できないため、そこからの回復にはエンパワーメントが必要であると述べてきた。だがしかし、被害者にはある面においては非常にパワーがあることを援助者は知っておくべきである。このパワーは平常時のパワーというよりも危急時に人間が最後に持ち合わせているパワーとでも言った方が適切かもしれない。海で溺れている人を救出しようとする際、溺れている人はなんとか助かりたいという一心から思いのほか強い力で救助者の体にしがみつく。そのため、救助者も身動きがとれなくなり、両者とも溺れてしまうことがよくある。このように、被害者と会っていると、援助者に対して過度に依存的になったり、強い手応えを要求したり、ときにはネガティブな感情をぶつけてくることもしばしば見られる。そのような被害者のパワーに援助者は押しつぶされてしまい、自分自身に無力感を抱いてしまうことも珍しくなく、バーンアウト（燃え尽き症候群）の状態に陥ることすらある。

筆者は二〇〇七年に発生した能登半島沖地震の際にボランティアを経験し、何ヶ所かの被災地を訪れ、被災者の話を聴かせてもらった。当時はまだ大きな余震が襲ってくる中での活動であり、被災者は崩壊してしまった家から荷物を出す作業に追われていた。被災者は、最初のうちは外部から来た「よそ者」である筆者に、お愛想程度の話しかしてこなかったが、そのうちに関係が深まると、被災時のリアルな話やその後の状況、現在の不安な心境やいまだに残る恐怖感などを次から次へと止めどもなく話すようになった。それが一人ではなく、大勢の人に共通する特徴であった。筆者は被災者の気持ちを受け止めることの大変さと大切さを痛切するとともに、こちらがそれに圧倒されそうな感覚を抱いたことを覚えている。大きな建物が軒並みに崩壊している現地の光景を見ると、地震のパワーを見せつけられた思いがしたが、それにも増して、被災者の根源的なパワーに言葉をなくした。この被災者のパワーは震災によってさまざまなものを失い、肉体的にも精神的にも限界に達している状況での底力であると同時に、悲痛な叫びにも感じ取れた。地震がものすごいパワーを持つように、被害の程度が大きいほど、被災者の側もそれに対抗するパワーを持たされるのかもしれない。

このことは犯罪被害者にも共通して言える。被害者が事件のことを過去のこととして置いておき、加害者への恨みに直面しないでいることも一つの対処方法である。その反対に、加害者に対して一生恨み続けて生きていくことを選択することも一つの対処方法である。あるいは、加害者からの謝罪を受け入れたり、金銭的な手段で加害者と和解する方法がある一方、謝罪に一切応じられないと拒絶することも正当な選択の一つである。いずれにせよ被害者の選択肢が開かれていることが望ましく、被害者にとっては加害者を恨み続けていくことが生きる糧となり、パワーの根源になるのであれば、それも適切な選択であると考えねばならない。なぜなら「加害者を許したりはできない」と加害者に対してネガティブなエネルギーを投入することが、実は被害者にとっては何よりものエンパワーメントであるからである。個々に顔が違っているように、被害者によっても生き方や考え方、パワーが違っている。だからこそ、あくまでどれを選択するかは被害者本人なのである。

最後に、被害者支援について留意しなければならないことは、どこまで支援をするべきかという問題である。被害者の中には、自己コントロール感を喪失し、無気力となったり、うつ的な気分に取りつかれている人もいる。そのような被害者と会っていると沈黙が多くて円滑に面接が進まないばかりか、ついつい被害者に元気になってもらおうと過剰な励ましを与えたり、必要以上に手を差し伸べてしまう。そのことが逆に被害者の自主性を損ない、被害者自身の中にあるパワーに気づかせない結果を招いてしまう。長井［2004］は「回復の主体はあくまでも被害者にある。対応如何によっては被害者の主体性は回復せず、むしろ精神を荒廃させ、また依存心を強め、その結果むしろ無力感と孤立感を強めてしまうこともある」と指摘しているが、筆者も同感である。

以上のように、被害者の話を聴くことは専門的な援助者であったとしても難しい。思わぬところで被害者の心の傷口を開けてしまったり、被害者の主体性を損ない、主権を侵すことにもなりかねない。繰り返し述べることになるが、援助者は被害者のパワーを信じること、そのパワーに圧倒されないことが被害者と向き合うときの重要な視点のように感じられる。

（橋本和明）

引用・参考文献

Herman, J. L. 1992 *Trauma and recovery.* Basic Books.（中井久夫（訳） 1996 『心的外傷と回復』みすず書房）
森田ゆり 2006 『子どもが出会う犯罪と暴力』ＮＨＫ出版
諸澤英道 1998 『新版被害者学入門』成文堂
長井 進 2004 『犯罪被害者の心理と支援』ナカニシヤ出版
西澤 哲 2004 「子ども虐待がそだちにもたらすもの」『そだちの科学』第２巻第４号 日本評論社 10–16 p.
信田さよ子 2002 『ＤＶと虐待』医学書院

第3章　発達障害を持つ人たちの被害

――広汎性発達障害の事例から――

1　はじめに

被害が人為的なものであるとき、被害者が一方に、加害者が他方に存在する。加害者が明確に加害を意識している場合もあるが、全く意識にない場合も少なくない。発達障害を持つ人たちに関していえば、彼らへのからかいやいじめは明らかに加害者の意識的な行為といえるが、彼らの特性が顧慮されないことで被害を受けることもある。それが、結果的に非常に深刻な事態を招くことになっても、加害に気づかないといったことが生じる。

では、彼らの特性を知らなかったから、学んでこなかったからということで加害は免責されるのだろうか。被害を受けた人は誰も加害への反応をあらわす。対人関係において、他者の意図や気持ちに気づきにくいと言われている発達障害を持つ人たちにおいても同様である。こうした反応への気づきに敏感であること、対人関係の中での他者配慮を持つことは、対人的な職業に就いている人でなくとも必要なことであろう。発達障害を持つ人たちのこうした力の不十分さが指摘される時、同時に発達障害を持たない側もこうした力を問われていることを意識する必要がある。こうした点で、とくに保健師、保育士、教師など、発達障害を持つ人たちに接する機会の多い職業に就いている人たちは、二次障害といわれる、発達障害を持つ人たちの反応について理解しておくことが要請される。

現代社会は多様性の時代と言われながら、現実社会の受容性は減少しているように思う。社会が要請する技能や能力に不足する人たちは、何らかの障害を持つとされ、認定あるいは診断を受けて社会参加する。しかし、とくに広汎性発達障害の人たちにとって、障害として自らの特性を受容することは、しばしば困難をともなう。「障害受容」という言葉があるが、中立的感情を保ち、診断や認定を受け止めることは困難なことが少なくなく、被害的な感情を持ちながら仕方なく受け入れていることがある。もう一方で、人との間で起こる何気ない些細な出来事であっても、その文脈の読み取りの難しさから被害的に認知し、いっそう対人関係を困難にすることがある。これらの心持ちへの配慮が必要である。

これらのことについて事例をあげて検討する。次の事例は本稿の目的を外れない範囲で、個人情報などについては改変している。

2　事例

ゆうきは、中学一年生の時に、「こだわりをなおしたい」という主訴で診察室に母親とやってきた。すらりとした細面で色白の、まだ第二次性徴を迎えるかどうかといったところの少年だった。こだわりは幼児期よりみられ、他院でアスペルガー症候群と診断され、薬物療法を受けているが、ここ二週間ほど強くなり「犬が鳴けば門扉を蹴飛ばし、カラスが鳴けば投石し、自転車が傍を通り過ぎれば蹴り倒そうとするために外に出せない、本人も出たがらない」「昔の嫌なことばかり思い出してパニックになる」とのことであった。

(1) 家族歴・生育歴

ゆうきの両親はともに高学歴で、父親は商社に勤めており海外赴任も多かった。父親が三〇歳、母親が二七歳の時に出生し、乳児期は物音に敏感であったが、活発な子どもであった。始歩は一歳二ヶ月、始語は一歳四ヶ月で、一歳半健診ではとくに指摘はなかった。二歳時、弟が出生。言葉の発達はやや遅延し三歳時に二語文はあったが、多語文が使えるようになったのは四歳であった。集団の中に早く入れた方がよいとの保健師の勧めで三年保育の幼稚園に入園した。幼稚園では初めての場面や人に慣れるのに時間がかかり、入園時に登園渋りがみられたものの、慣れると喜んで登園していた。他児との遊びは受動的で誘われれば入ったが、いつの間にか一人遊びをしていることが見られた。数に関するこだわりや匂いや音への過敏があり、物の数などを数えることに没頭する姿が見られたが、行事などには参加し、楽しんでおり、とくに大きな問題を保育士から指摘されることもなく卒園した。両親は引っ込み思案な子どもだからと、小中高一貫の私立小学校に入学させた。

小学校は小規模校で、登校はスムーズであり、一年時には友人も少ないながらいて、学校では他児に誘われるままに遊んでいた。しかし、二年生になると頻尿が目立つようになり、授業中にしばしば席を立つことが増え、また清潔へのこだわりをみせるようになった。校長の勧めで児童相談所を訪れ、田中ビネー式検査（ＩＱ＝87）を受け、発達上のアンバランスを指摘され、匂い、音、数へのこだわりも強いのでと通所をすすめられたが、遠方でもありほとんど行かなかった。担任の配慮もあって、こだわりはあるものの二～三年生と学校生活は何とか続けていた。

四年生になって担任が替わった。引っ込み思案で他児のあとについて行事に参加する姿勢やこだわりによって、協調性がない、わがままであると評された。また他児も「帽子をかぶらないと外出できない」「床に落ちたものを拾えない」「拾わなくてはならないときには水洗いするか、除菌スプレーを掛ける」といったこだわりをからかった。担任はこうしたからかいの原因がゆうきにあると指摘し、「ゆうき君に直してほしいこと」というゆうきの欠点を他の生徒とともに板書する授業を行ったり、プール学習のために苦手な水に顔を漬けるように命じたり、嫌いな色の服を着せようとする指導を行った。その後、ゆうきは憂鬱な表情で帰宅し、母親が尋ねても何も言わず、こだわりはいっそう強くなり、しばしばパニックになった。そして「こんな僕は駄目」と壁や床に頭をぶつけたり、「いじめられる方が悪い、男は弱音を吐いたらいけない」と自分の頭を殴ったりが続いた。それでも登校していたが、母親は他児の親からの情報で学校での出来事を知るところとなった。母親の抗議で担任、校長は謝罪したが、母親が本人にこの出来事を確かめた後、ゆうきは登校できなくなり、最終的には「校風に合わなかったということで」と告げられて、四年生を終えて公立校に転校することになった。

しかし、ゆうきは登校できなかった。近医精神科医を受診したところ強迫性障害と診断され、薬物療法を受けたが変化はなく、通院をやめてしまった。事情を理解した担任教師が教育センターを勧め、週に一度通所するようになった。担任、養護教諭が自宅に訪問し、近くの公園まで一緒に出かけた。教育センターの指導者は一対一で関わり、ゆうきはトランポリンや三輪車を好み、幼児のようにはしゃいでボールプールの中に入り込んで、大喜びであった。しかし、子どもの歓声、犬やカラスの鳴き声、電車や自転車の走行音に敏感で、被害的に捉える様子は続いた。六年生になって父親が単身赴任から戻った。無口で穏やかな父親であったが、ゆうきは拒否的で、攻撃的であった。弟はほっとした様子であったが、兄には無関心を装い、時折父親と出かけた。

養護教諭に勧められて児童精神科医を受診し、生育歴などから「アスペルガー症候群」と診断され、教育センターに加えて通級指導教室を勧められた。学校の建物を見ることすら拒否的であったゆうきだったが、この教室が学校の建物の外にあることから、タクシーを利用することで、月に数回通うことが出来た。しかし、自宅では父親との関係が次第に険悪になっていた。父親が居間に顔を見せると、暴言を吐き、時には暴力を振るうために、父親は弟と自室で食事をとり、母親がその攻撃を和らげている有様であった。中学校に進級したが状況は変わらず、登校は出来なかった。こうした状況の中で、父親は再び海外に赴任することとなり、疲れ切った母親が入院治療の可能性を含めて中学一年生の冬に受診した。

(2) 現病歴

ゆうきも「こだわりをなおしたい」と述べ、入院にあっさりと同意したが、言語的な面接を嫌がり、質問されても返答を拒否することも多かったものの、暴力はみられなかった。

病室では小学校四年生時のクラス写真を眺め、空想上の自分の鉄道会社の路線図を描いて過ごした。病棟内の音や匂いには過敏で、我慢できず病棟外へ走り出ようとするのを看護師に制止されて、噛みつき、蹴ることがあったが、「何故ボクはこんな悪い子になったのだろう」と自問するように看護師に話しかけることもあった。結局、病棟内のトイレが使えず排便できないために、一週間で退院となった。しかし、自宅に帰ってからの生活は入院前と同様、登校は全く出来ず、時折通級教室に通ったが、母親への暴言暴力が続き、弟は自室に引きこもったり、友人の家に泊めてもらったりであった。このために、短期間の入院を一年間に四回、繰り返すことになったが、その後自分は精神障害者ではないと精神科入院を拒否するようになった。

中学校二年生頃から、ゆうきは第二次性徴がみられはじめ、身体の清潔にこだわり始めた。暴力は減ったが、自分の身体が汚れていないか母親に確認させ、外出の際などにすれ違う人に性感染症をうつされはしないかと不安になり、一日の自分の行動を一分毎に確認するようになり、がんじがらめになって次の行動に移れない状態が続いた。自分の記憶が不確かで抜け落ちがあると言い、最初は一分毎に自分の行動をノートに自分で書いていたが書ききれず、母親に記述を求めるようになった。母親は一日中ゆうきのそばを離れることが出来なくなった。また、些細な身体の変化に敏感になり、何かの感染症ではないかとインターネットで調べ、診察の際に身体診察を求め、検査を要求した。入院すると隔離されるので感染しない、すぐに治療できるのではと入院を求め続けることもあった。性欲がなくなればこんな心配をしないですむので去勢してほしい、醜い顔になれば女性が寄ってこないので手術してほしい、足を潰してしまえば動けないので性感染することがないので飛び降りたいなどと訴えることも続いた。ＷＩＳＣ−Ⅲ（児童用ウェクスラー知能検査第Ⅲ版）では言語性ＩＱは109、動作性ＩＱは73、全検査でＩＱ91であった。少量の抗精神病薬で身体疾患に関するこだわりは減少し始めたが、インターネットでは、現代日本を批判するような攻撃的な政治姿勢のサイトなどを調べるようになり、あたかも右翼少年のような言動を続けることもあった。

中学校はほとんど出席しないままに卒業し、通信制高校に進学した。スクーリングに最初は出かけていったが、他の生徒との交流はなく、数人の教師と会話する程度であり、次第に行かなくなっていった。一方、テレビ番組で発達障害の特集を見て「ボクは何だったの？」「ボクは健常だけど、変わっている人なのか」と母親に尋ねるようになった。かつて「アスペルガー症候群」と医師が母親に話したことを思い出した様子であったが、この話題は「ボクは障害者じゃない」で締めくくられた。他方「結婚出来るだろうか」「ニートになるわけにはいかないけど、大学も無理そうだし、機械関係の単純作業ならやれそうに思う。正社員がいい、派遣だとすぐにクビになる」などと将来の心配を面接で口にしており、主治医は「得意なところを活かそう」と話したが、自信の持てるものを見つけることが出来ないようだった。

さらに、これまでの出来事の意味を自問し始めた。幼稚園時代に「やきそばパンマン」と言われたことはいじめだったのだろうか。小学校低学年時にいわれた「お人形さんみたい」「ミッキー」はいじめだったのかどうかと母親や主治医に繰り返し尋ねた。しかし小学校四年生の出来事に触れることはなく、小学校時代の些細な出来事を思い出しては、それがいじめだったのなら生きていけないと繰り返すようになった。母親は目を離さないようにしていたが、一七歳の夏に自宅マンションの三階から飛び降り、両下腿の複雑骨折、多発外傷を負ったが救命された。主治医のいる病院の整形外科でリハビリを含め約半年間の入院となった。主治医が訪室すると「精神科医は来るな。ボクは精神障害者ではない」と拒否することもあったが、「馬鹿なことをしてしまった。自殺願望がなくなる薬がほしい」と自分から積極的に話すこともあった。しかし、リハビリが順調に進むと、再び過去の出来事がいじめであったかどうかの確認に埋没するようになった。

退院後は臨床心理系大学院生を家庭教師として、関心のあるアニメの話などをしたり、一緒に出かけたりしていたが、「自分は生まれて以来、ずっといじめられてきたって分かったので生きていけない」と自分の来歴に関して否定的な認知を繰り返し、「卒業したら死ぬ」と再び自殺を仄めかすことが増えた。また、主治医には「自分は生まれてきたときには狼男や化け物だったのではないか」「赤ん坊の時に排泄物を誤って食べさせられたのではないか」「(今の状況が)神の試練だとすると、神は根性が悪い」などと語り、薬物を増量したが変化はなく、母親は目を離せない状況が続いた。そして「どうしたら治るのか、一生治らないのか」「もう生きてはいけない」と訴えた一八歳の冬、強制入院を検討していた矢先、母親が目を離したわずかの時間にゆうきは逝った。

(3) 本症例について

自閉症およびその類縁疾患の総称である広汎性発達障害（pervasive developmental disorder、以下ＰＤＤ）はウイング（Wing.L.）によればコミュニケーションの障害、社会性の障害、想像力の障害の「三つ組」に特徴づけられる障害であり、診断上の特徴は「対人相互性の質的障害」と「行動や精神活動の限局と常同的反復」である。すなわち「対人場面や感情的な事柄について適切な理解、コミュニケーション、行動が困難」で、「その個人の関心事へ没頭し、同一の事柄への強迫的な固執と変化への柔軟な適応が困難」である。こうした特徴は発達の早期から存在して、年齢や成長、介入によってその質や程度が変化していくことが多い。この原因については解明されていないが、何らかの脳の器質的な変化が推測されている。

ゆうきが診断に至るまでの経過は、紆余曲折しているものの、発達障害とくに知的な障害をともなわないＰＤＤ（アスペルガー症候群、高機能自閉症など）の人たちにはありふれたものである。乳幼児健診で何かおかしいと気づかれながらも、言語発達や身辺自立に問題がなければ「様子を見ましょう」といわれることが多い。また保育所、幼稚園でも全く他児と関係がもてなかったり、非常な多動であったりしない限り、おとなしい、引っ込み思案と評されることがしばしばである。そして、小学校に入って、集団活動への参加に困難が見られたり、仲間との関係をうまく持てなかったり、またこだわりや感情爆発（パニック）がみられて教師や養育者に気づかれる。ゆうきの場合には匂いや音への過敏性があり、数や清潔へのこだわりが教師の気づくところとなり児童相談所に出かけているが、障害名などは告げられておらず、通所もしていない。また、ストレス状況にある子どもに頻尿が出現することはよく知られているが、ゆうきにとっても小学校がストレス場面であったことが推測される。こうしたストレスが続くと退行現象が生じることがあり、PDDをもつ子どもの場合にはかつてのこだわりが復活することが時折見られる。それでも、登校し続けるのはルールを頑なに守ろうとするPDDの特徴に基づくものだったのかもしれないし、三年生までの受容的で、ゆうきのペースに合わせて介入的な指導を行わなかった教師によるものだったのかもしれない。

ゆうきの小学校四年生のエピソードは極端ではあるが、PDDを知らない教師の典型的な態度である。PDDを持つ子どもの対人相互性の困難は、乳幼児期には「人見知りがない」「人を見ない」「人への要求が乏しい」などとして見られ、幼児期では「一人遊びをして、他児と遊ばない」「ルール遊びに入れない」などを特徴とする。そして、学童期には「マイペース」「協調性がない」「浮いている」と評され、クラス運営に支障があると言われることが多い。母親によれば、ゆうきの担任教師は指導力もあり、熱心で生徒にも保護者にも評判のよい教師であった。この熱心な教師の積極的な介入に、集団に自己を合わせることの困難さを持つゆうきは、こだわり行動をいっそう発展させ、他児のからかいを増強し、それらがますます集団への適応を悪くしていったのであろう。ゆうきが言った「いじめられる方が悪い、男は弱音を吐いたらいけない」は担任の言葉を反芻しているように思われるが、もはや推測の域を出ることはない。しかし、そのように自分に言い聞かせ、自分を痛めつけて鼓舞しようとする姿は痛々しい。人に恃むこと、自分の感情を伝達することの困難というPDDの特徴から、親しい人に頼み事をしない、援助を求めない、自分のことを話さないといった傾向がしばしば見られる。ゆうきは「弱音を吐いたらいけない」というスローガンをそのまま実行したのかもしれない。

その後の社会への不適応状況も、PDDを持つ人たちの不適応としてはしばしば見られるものである。こだわり行動が増強し、強迫行為となって、母親を強迫に巻き込んでしまう。その病態は、発達を考慮しなければ強迫性障害と同様であり、精神科医が強迫性障害と診断することがしばしば起こり得る。ゆうきは学校様の建物をみることを嫌がり、担任や養護教諭はそれを理解し、自宅から公園にうまく連れ出したが、陰性体験を受傷した場所に近づけなかったり、些細な刺激が陰性体験をありありと思い出させたり（タイムスリップ現象）など、外傷後ストレス障害（PTSD）症状もしばしばPDDをもつ人には見られる。こうした状況を観察した養護教諭がPDDを疑い、児童精神科医に紹介されてようやく診断がなされ、学校様ではない建物にある教育センターや通級教室にゆうきは通えるようになった。そこでのプレイセラピーは実際の不適応行動の解決には直接結びつかなかったが、家族以外の人間に関われる場所として、そして笑顔を見せる場所として機能した。他方、母親と弟を守ろうとした父親への攻撃は、学級でゆうきを排除した教師を投影したものであったと考えられるが、こうした投影性同一視といった原始的な防衛機制がPDDを持つ人たちの不適応反応の中にしばしば見られる。また、聴覚過敏が見られているが、先述したように幼い頃に持っていたこだわりなどの症状が、年齢が上がってストレス下で再び出現することは稀ではなく、ゆうきは音への過敏性が中学卒業頃まで続いていた。

その後、第二次性徴が始まり身体の変化、性衝動をともなった情動に翻弄されているかのように見えた。入院生活では、自室にこもって自分の好きなことをしている限り問題行動はほとんどみられなかったが、便器の清潔にこだわって排便できないために、短期入院を繰り返すことになった。自宅に比べてこだわることが減り、ゆうきも看護師との短い会話を喜び、母親、弟も休息できて安堵したが、掲示板の「障害者」という文字にこだわり、「障害者」が入院するところに「障害者」ではない自分が入院することを拒否しはじめた。その後も、障害という言葉への過敏が続いたが、どこかで自分の障害に気づいていて、それを定位することに苦悩しているように筆者には感じられた。また、陰性感情を抱いた体験や意味を理解できなかった経験を想起しては、その意味について自問することが続いた。これはある意味で自分の来歴を振り返る作業であったが、同時に自分の障害、すなわち出来事をその文脈から捉えて理解することの困難を認識する作業であった。誤解や勘違いといった程度を越えて、次第にそれは妄想的な色彩を帯びていったが、妄想的確信ではなく強迫観念に近い一種の思考の罠に陥っている様子であった。

過去の出来事を強迫的に振り返るにもかかわらず、小学校四年生の出来事にゆうきは触れなかった。しかし、その時期の写真を手放さず時折眺めており、忘れたのではなく反復して想起していたのであろう。ゆうきは意味づけの明瞭な事柄ではなく、彼にとっては不明瞭で曖昧な出来事への不安、こだわりが強かったことを考えれば、小学校四年生の出来事は意味明瞭なものとして定位されていたのであろう。いずれにしても、何とか社会の中に自分の場所を見いだそうとしていたゆうきが、自分の居場所を見いだすことが困難になっていったのはその事件以来であり、その時から自死への途が始まったといえる。教師がゆうきの特性を理解して接することが可能であったら、彼の人生は変わっていたかもしれない。

3　発達障害を持つ人たちの被害と対応

発達障害を持つ人たち、とくに広汎性発達障害を持つ人たちは幼少時から「いじめ」「からかい」「虐待」といった被害に遭いやすいといわれ、それは実際の面談や手記などでしばしば表現される。それは「人とのコミュニケーションの苦手」「集団行動の苦手」「場の状況や雰囲気の直感的な理解の困難」といったことに加えて、困難に遭遇した際のパニックや独特のこだわりなどの特異な反応に基づくことが多い。その結果、さまざまな二次的な障害が生じる（**表1**）。

抑うつは精神症状として最もよく見られるものであるが、それは社会適応の困難から生じていることが多く、タイムスリップ現象として知られる心的外傷受傷場面などがフラッシュバックしたり、あたかも受傷場面にいるかのように振る舞うのは外傷後ストレス障害（PTSD）症状と同様である。また、学校を含む社会での居場所あるいは家庭での居場所が見出せないことに関連して、本事例でもみられたような不登校や引きこもり、放浪さらに自傷や自殺に至ることがある。さらに、暴力や犯罪がPDDを持つ人に見られること

表1　広汎性発達障害をもつ人の二次障害

- 精神症状
  抑うつ、強迫・常同行為、外傷後ストレス障害（PTSD）、
  解離症状、
  精神病様症状など
- 非社会的行動
  不登校、引きこもり、放浪、自傷、自殺など
- 反社会的行動
  暴力（家庭内暴力、他者への攻撃など）、犯罪など
- 人生への姿勢
  不就労、生きづらさ、他者不信など
- 被害
  詐欺被害、性被害など

表2　広汎性発達障害をもつ人の精神科診断

- 強迫性障害
- 気分障害（うつ病）
- 統合失調症
- 境界性人格障害
- 統合失調症型人格障害
- ADHD/ADD
- PTSD
- 解離性障害

があるが、実際の事件や攻撃型ゲームを模倣するケースも認められるものの、障害特性によって適応困難な中、他者や社会に対する被害的認知を発展させてしまった結果、反社会的行動となってしまうことも少なくない。これらが誤っているとはいえ現状の乗り越え方法の一つだとすれば、もう一方には無力感や打ちのめされ感、諦念に支配されて社会への参加に消極的態度で臨み、自閉的な世界に引きこもってしまうことも見られる。また、相手の意図や意思の読み取りに困難があって、実直に相手を信じてしまって、詐欺被害や性被害に遭うこともしばしば経験する。こうした二次障害は周囲の環境や対人社会関係の結果生じるものが大半であって、PDDの本質的な特性とは異なることを理解しておく必要がある。つまり、基本的には発症を予防することが可能であると考えられる。

また、本事例にもみられたように知的障害をともなわない発達障害の場合には乳幼児期、学童期に障害に気がつかれず、二次障害を生じて初めて精神科医療機関にかかることもある。その際に、発達障害に関して経験が多くない精神科医は、発達障害ではなく他の診断がなされることがある。PDDを持つ人の場合には**表2**に示したような診断がしばしばなされている。治療経過の中で、発達障害に気がつかれることもあるが、気がつかれないままに誤った対応が続けられ、長期にわたる入院生活を送っていることもある。こうしたことも、理解不足による二次的な被害であるといえる。

しかし、発達障害に気がつかれ診断されているといっても、その人の課題が発達障害からだけ検討されるものではない。確かにPDDを持つ人たちへの支援はTEACCH（米国ノースカロライナ州の自閉症を持つ人たちのための障害教育および福祉制度）をはじめ、さまざまな方法が作り上げられマニュアルが作成されている。そして、それが成果を上げていることは確かであるが、それを画一的に当てはめるのではなく、当事者の苦悩、気持ちの表現に耳を傾けることも同時に必要である。「マニュアルの通りに対応してもらって気持ちよく過ごしているけど」とＰＤＤを持つ青年がつぶやくのを聞くことが時々ある。彼らの自己表現は少なくまた拙いことも多いが、感情をそれなりの表現で表明する。非常に激しく攻撃的直截的な表現の場合もあれば散文様、詩文様の表現もある、一度の面接では分からず何度かの面接の中のいくつかの断片を拾い上げてようやく表現したい内容が伝わってくる場合もある。それは事例にも見られたように、自分とは何者かという自己同一性をめぐる問い、他者の言葉のメッセージとメタメッセージの差異への困惑、表現を抑制してきた自らの感情や行動についての問い、自分の居場所、他者との関係性などに関することが多い（**表3**）。こうした問いは現代の若者がもはや軽々と乗り越えてしまったようにみえる古典的な青年期心性そのものであり、そこには蒼古的ともいえる生真面目、実直な青年像が浮かび上がってくる。

ＰＤＤを持つ人たちには精神療法よりも行動療法が有効とされるが、心を持つ一人の人間として接し、彼らの心持ちをしっかりと受け止めるような精神療法的接近もまた重要である。先に挙げたような彼らの問いが受け止められること、抑えつけてきた感情や行動が理解されること、支持されることが可能な場面を持つことができれば、彼らの認知や行動の誤りを指摘して修正するための解決方法を考えていくことが可能となる（**表4**）。彼らはこだわりが強く、いったん身につけた方法を変更することに困難があることはよく知ら

表 3　広汎性発達障害をもつ青年の問い

・自己同一性をめぐる問い
　自分とは何者なのか
・言葉をめぐる問い
　メッセージとメタメッセージの差異への敏感
・自分の感情・行動についての問い
　自分の本当の感情とはなにか
・自分の居場所についての問い
　社会的場面で自分はどこにいればよいのか
・他者との関係についての問い
　他者の模倣、他者との共存

表 4　精神療法的接近

・「問い」を発することのできること
・理解、共感されること
・支持されること
・修正されること

れているが、相互的な理解が進むと、容易にこだわりを変更することがある。これは比較的均質な少人数の集団精神療法の場でも可能であり、参加者の相互的な支持が得られると、他の参加者からの受け入れやすい行動修正への助言が得られる利点があるように思う。

4　まとめ

本論では発達障害者とくに知的障害をともなわない広汎性発達障害の事例を取り上げて、被害がどのように発展し、深刻な結果をもたらすかについて述べた。教師は熱心な指導を行っただけであり、加害した意識は全くない。田中は「いじめ」について中井の論を引いて、軽度発達障害のある子どもたちにおける被害体験や加害行為は、その背景に「孤立・無力・透明化した自己像」と自己の無価値化に関連した捨て鉢な気分や、対人希求あるいは集団帰属性を強く求める心性があると述べているが、全くその通りである。そして、社会・集団への適応の困難を、発達障害をもつ個人の適応能力に還元するのではなく、その社会・集団の個人の差異性に対する寛容性、許容性を考慮しなくてはならないと述べ、発達障害の世界を「異文化」として理解し、共生することを提案する。この意味で、教師は異文化を定型発達者の文化に同化しようと試みたといえよう。

しかし、そもそも子どもを成人の世界に受け入れられるように教育するという行為自体が異文化を同化していく営為なのであり、成長とは社会化すなわち同化の過程であろう。自閉症の療育はあるところまでは、定型発達者の世界に同化することを目指している。その際には子どもがどのように感じているか、同化に耐えうるかどうか、子どもの反応を保育士や心理士は細かく観察し、子どもにかける負荷量を調整する。対象となる人の特性を理解していることは、観察の重点を示唆し、適切な対応を行いやすくするだろう。しかし、障害の特性を知っていても、その人を解ったことにはならない。彼には彼の世界があり、それに障害と名付けることだけでは理解できず、彼の世界を尊重し理解を試み、彼が開示して初めて知りうる世界である。こうしたことを通して共生が可能なのだろうと思う。すなわち、相手の理解や相手の心持ちを尊重しながら、共同体に属する側からの対人交流に困難をもつ相手に対して働きかけが行われ、相互理解、対人交流を持つといったきわめて凡庸なことが、技法論以前に必要なことである。こうした凡庸なことの重要さが、再度確認されて初めて、被害を防ぐことができるのだろう。こうした論は理想論でしかないことは承知であるが、少なくとも発達障害を持つ人に関わりを持つ可能性の高い職種に就く人たちには繰り返し言っておかなくてはならないと思っている。

（田中　究）

引用・参考文献

相沢雅文　2004「高機能広汎性発達障害児（者）と「不登校」「ひきこもり」の臨床的検討」『障害者問題研究』第32巻第2号　147-156p.

安藤久美子　2006　「発達障害における衝動性と攻撃性」『精神科治療学』第21巻第9号　961-969p.
浅井朋子、杉山登志郎、小石誠二ほか　2007　「高機能広汎性発達障害の不適応行動に影響を及ぼす要因についての検討」『小児の精神と神経』第47巻第2号　77-87p.
藤岡淳子　2001　『非行少年の加害と被害－非行心理臨床の現場から』誠信書房
林隆　2006　「非行・犯罪の背景にある虐待」『子どもの虐待とネグレクト』第8巻第3号　317-325p.
中井久夫　1996　「いじめとは何か」『季刊仏教』第37号　16-23p.
田中康雄　2002　「軽度発達障害のある子どもたちにおける被害体験と加害行為―共生するために尊重されるべき異文化―」『こころの臨床 a-la-carte』第21巻第1号　25-30p.

第４章　ＰＴＳＤ治療の最新技法

1　実証に基づく心理療法

現在わが国では、二〇〇五年の犯罪被害者等基本法施行を受けて、その施策が作られ実行されていく局面にある。公的な施策として犯罪被害者への心理的な介入を行うことが要請されるようになれば、ＰＴＳＤの治療の具体策も必要になるだろうし、そのコストパフォーマンスにも厳しい目が注がれるようになるのは必然である。

犯罪被害者の心理的支援を考える場合に、トラウマ後に生じる心理的反応へのケア、中でもＰＴＳＤ治療は大きな課題となる。身体的攻撃や性犯罪被害の経験後に、かなりの頻度でＰＴＳＤが生じることは、米国などでは大規模疫学的調査などで確認されている。このような犯罪被害の経験者の中にＰＴＳＤが診断される確率は、自然災害や事故より相対的に高い。米国における全国規模の無作為抽出による調査の結果を見てみると、女性強姦被害者におけるＰＴＳＤの生涯有病率は、ケスラーらの一九九五年報告の調査では46％とされている［Kessler et al, 1995］。ケスラーらは、男性では戦場における戦闘体験への曝露が、女性では強姦と性的いやがらせが、その後にもっともＰＴＳＤを引き起こしやすい外傷体験であるとしている。わが国では、犯罪被害体験が、ＰＴＳＤの原因となるような出来事のうちのかなりの部分を占めると思われる。国内の研究の結果を見ても、ある被害経験があった場合のＰＴＳＤ発生率などに関しては海外の研究と根本的な違いはないと考えられる。

米国では被害者のＰＴＳＤ治療の分野も、日本よりも一足早く発展してきた。一九八四年に米国では犯罪被害者基本法が成立し、その後、被害者支援に、国や州の予算が使われるようになる。ＰＴＳＤの研究は、退役軍人と性犯罪被害者を大きな対象としてはじまったが、次第に災害事故の被害者、暴力犯罪の被害者、ＤＶ・虐待の被害者へと対象を拡大していった。そしてそれとともに、一九八〇年代後半からは「被害者への心理的支援」が何らかのトラウマを負った人に対して、公的な対策として行われることも多くなった。

そうなると、トラウマに関するメンタルヘルス対策にも、エビデンスを求める声が強くなる。その一例としてあげることができるのが、惨事ストレス・デブリーフィング*（ＣＩＳD: Critical Incident Stress Debriefing）をめぐる議論である。惨事ストレス・デブリーフィング（以下、ＣＩＳＤ）は二〇〇〇年頃まで広く行われていたが、いくつかの研究が、ＰＴＳＤ予防に関してＣＩＳＤは効果がないという結果を出したことから、議論や研究の末、公的なガイドラインからは姿を消すことになった。ＣＩＳＤは、災害後などにトラウマ体験をした被害者らに対して、急性期の危機介入の目的で行われてきた。参加した人たちにはよい印象があったにもかかわらず、ＰＴＳＤ予防に関して、実証的な結果を出せなかったことが、決定的であったと言えよう。

惨事ストレス・デブリーフィング
ミッチェルらによって開発された危機および災害時の心理的危機介入の方法。集団を対象に行われ、トラウマとなるようなストレスに対処、予防することを目的とする。

これは米国だけに当てはまることではない。日本においても、研究自体の発展のみならず、被害者支援の拡大、公的施策化の流れの中で、ＰＴＳＤに対する心理療法も、薬物治療や身体的なリハビリなどと同様に、できるだけ容易に、できるだけ短期間で、確実に効果をあげることを要請されてきている。根拠に基づく（evidence-based）心理療法とは何かということについては常に批判的な目を向けることも必要である。が、このような潮流を抜きにして最近のＰＴＳＤの心理療法を語ることはできないだろう。

2 ＰＴＳＤ治療ガイドラインにおける心理治療の評価

では、このような視点を持った最近の評価では、ＰＴＳＤの心理治療はどのように考えられているのだろうか。英米の学会などでは、それぞれ治療ガイドラインを発表している。アメリカ精神医学会の治療ガイドライン［Ursano et al, 2004］はＰＴＳＤの心理治療について次のように述べている。「急性期においては、臨床経験からは支持的心理療法や心理教育の介入が役立つと考えられる（推奨度２：中等度の臨床的信頼をもって推奨）。薬物治療はそれ以外の介入方法が困難な急性期のクライエントには第一選択となる。（推奨度２）」、「交通事故の被害者、レイプの被害者、対人暴力の被害者の治療研究では、認知行動療法がトラウマに曝露された後、二〜三週間に数セッションの介入を行うことで回復を助け、ＰＴＳＤを防止することを示している（推奨度２）」、「診断が確定した場合には、心理療法的介入が有効だろう。ＡＳＤの患者は、認知行動療法やその他の曝露を基本とした療法が助けになるかもしれない（推奨度2）。加えて、急性および慢性のＰＴＳＤの中核症状に対しては、認知行動療法が有効な治療である（推奨度1：しっかりした臨床的信頼をもって推奨）。ＥＭＤＲも有効である（推奨度2）。ストレス免疫訓練、イメージリハーサル、長時間曝露は、ＰＴＳＤおよびＰＴＳＤ関連症状に対しても適用される（推奨度2）。何らかのコントロールされた曝露が、これらの療法には共通した要素である。」

精神分析的療法は、ＰＴＳＤに関連する対人関係や発達に関する問題には推奨度2となっており、支持的療法、グループ療法なども否定されているわけではない（推奨度3：個人の状況によっては推奨）。トラウマ反応に対する介入は時間軸にそって考えていかねばならないことが強調され、これまでの実証研究の成果に忠実に、かつバランスを取った書き方となっている。

このガイドラインでもっとも推奨度が高くなっているのは、ＰＴＳＤの急性、慢性の中核症状に対する認知行動療法である。一九九〇年代からＰＴＳＤ症状あるいはＡＳＤ症状に対する無作為割付対照試験*（ＲＣＴ：Randomized Controlled Trial）が行われるようになり、その方法もより厳密なものとなってきた。心理療法の効果研究の蓄積によって、メタアナリシスも複数行われており、トラウマに焦点を合わせた認知行動療法の有効性は確立されたといってよい。このほかのガイドラインでも認知行動療法が第一に推奨されている［NICE, 2005］のは同様である。

安定して治療が有効とされている認知行動療法療法には、フォアの長時間曝露法（ＰＥ：Prolonged Exposure）、リーシックの認知処理療法（Cognitive Processing）などがあり［Foa

無作為割付対照試験
対象者に治療法を無作為に割り当て、治療効果を縦断的に測定し、治療法群間の比較を行う方法。対象者選定の際には、治療開始時においてどの治療法群も統計的に差がないように、研究対象条件を厳密に定めておく必要がある。

et al, 2005〕、公的機関にも採用されたり、また複数の国で研究がなされている。このほかにも、ブライアントらの急性期に対する介入〔Bryant et al., 1999〕やコーエンらによる子どもを対象としたトラウマの認知行動療法〔Cohen et al., 2004〕、シアらによる複雑性悲嘆に対する認知行動療法〔Shear et al, 2005〕などが知られている。前述したようにこれらは「なんらかのコントロールされた曝露」を行うという共通点をもっている。一方でシャピロの考案した眼球運動による脱感作と再処理（ＥＭＤＲ: Eye Movement Desensitization Reprocessing）は実証性という点でやや後れを取っていたが、最近のＲＣＴやメタアナリシスでは効果が実証されている〔Rothbaum et al.,2005 ／ Bisson et al., 2007〕。ただし、例えばヴァン・デア・コークらは、ＲＣＴの論文中でＥＭＤＲをトラウマの処理を含む曝露法のひとつとして操作的に位置付けており〔van der Kolk et al, 2007〕、眼球運動の果たす役割などについては議論がある。

3　長時間曝露（ＰＥ）法の理論

認知行動療法もＥＭＤＲといった、これらの心理療法はいずれも、その基本にＰＴＳＤ症状、あるいは恐怖症状の病理形成についての理論を持っているが、それらがそのまま実証されているわけではない。ある仮説に従って、ＰＴＳＤ症状を理解し、それに基づく定式的な治療法を開発し、その治療法のパッケージを、ほかの治療法などとコントロール下で比較することによって、その有効性を示す、という方法がとられている。したがって、簡単に言えば、なぜ効くのかという理論は仮説にとどまっているが、結果としてパッケージが有効であることは実証されているということである。

治療を実施するにあたっても、このことは認識されている必要があるが、一方でそれは、パッケージの変更によるさらに良い方法が開発される可能性も示している。改良の余地、発展の余地のあるオープンな治療法だと言うこともできるだろう。またこのような理論が裏付けられるためには、PTSDの生物学的病理の解明の発展が必要とされると思われる。

ここでは筆者が開発者本人から習得し、実際に使用している治療法であるPE法を例に、その理論と方法について説明したい。

エドナ・フォアは、不安障害治療に関する臨床研究を行ってきた心理学者である。そもそも曝露法は恐怖症などの不安障害に対する治療として開発されてきたものであるが、フォアは、一九八〇年代からラングの「恐怖の構造」の仮説［Lang, 1977／1979］を用いて、PTSDに対する曝露療法を開発してきた。PEはフォアの感情処理理論（Emotional processing theory）に基づく曝露療法であると言える。

PTSDの回復に関するメカニズムについてフォアらは、実験心理学の記憶と感情に関する知見を参照しながら、次のような仮説を提唱している［Foa & Kozak, 1986］。慢性のPTSDは、外傷体験に関して成立する病的な恐怖の構造から生じる。恐怖の構造には、トラウマ記憶、感情、その意味づけが要素として含まれている。通常の場合、恐怖などの感情と記憶の連合は、その後の現実にさらされていくことで修正されていく。

例えば、子どもが一度波に巻き込まれて、波をこわがるようになったとしても、波の記憶と恐怖との結びつきは、現実の海辺で、安全な波を再び体験していくことで、修正されていくと考えられる。そうすると現実の場面で波が回避されることはなくなるし、またその記憶に再びアクセスしても生々しい感情が再現されることはなくなると考えられる。ところが、このような記憶が、その恐怖の強さなどのために、回避され続けると、そのような変化が阻害される。安全な現実への曝露がなければ、波はいつまでたっても危険だと認知され続ける。トラウマ体験の場合、その記憶にともなう恐怖や苦痛は著しいから、回避されやすい。回避されるために、その記憶は十分に処理されることがなく、持続していく。そのため記憶の侵入や認知の変化を核としたPTSDの症状の慢性化が生じる。

この理論では、トラウマとなるようなストレスとそのほかのストレスは、不安や恐怖との関連やPTSD発現の病理において、質的に異なるものではない。強い恐怖や不安の感情が記憶に組み込まれることが決定的であって、それがどのように生じたかについては直接には問題とならない。したがって、DSM-Ⅳ-TRのPTSD診断基準［APA, 2000］における A基準の客観的評価（「死の恐怖を体験する、受傷する、身体的統合の危機がある」ことの体験、目撃、直面など）の評価は問題とならず、主観的評価（体験には、恐怖や無力感や戦慄がともなっている）の方が本質的である、と考えられる。また、侵入性の記憶やその回避による症状の存在が、治療法適用の必要条件である。

そのほかの不安や恐怖による病態にもこの治療理論が適用可能であることは、その歴史からもまたその理論からも納得できることである。実際にも強迫性障害に対しても、同様の効果研究が行われ、実証を得ている。

ただし、ＰＴＳＤ治療のためのＰＥのマニュアル［Foa et al., 2002］では、治療の適応基準と除外基準が設けられている。なお、効果研究の場合には、対象は厳密に規定され、ＰＴＳＤ構造化面接で評価し、かつほかのいくつかの排外基準を満たしたものとなっている。参考のためにマニュアルでの臨床的な基準を**表1**に示す。

この恐怖の構造の理論に従えば、ＰＴＳＤが生じるかどうかを決めるのは、トラウマティックな記憶そのものではなく、それが生じた後に記憶の回避という対処がとられるかどうかという点にかかっていることになる。

恐怖や不安が著しく高まった体験の記憶は、すべての人に、恐怖の構造を作り出す。それ自体は病理的ではない。実際、何か衝撃的な体験をした場合に、それがトラウマの基準に当てはまらなくても、一、二日の間、ＰＴＳＤ症状に類似した症状を経験することは誰にもあることだろう。交通事故を経験すれば、それが死につながるほどのものではなくても、一、二日は運転が怖かったり、その場面が何度も思い起こされたりすることは普通に起こりそうである。しかし、多くの場合、恐怖の構造は、新たな事態にさらされることによって、速やかに改変されると考えられる。すぐに人は運転が怖くなくなり、事件のことはめったに想起されなくなる。

したがって、ＰＴＳＤの回復に必要なことは、回避という対処を中止し、恐怖の構造を消去し、新たな適切な構造をもたらすことであることになる。このような考え方から、ＰＥでは、治療中に感情をともなったトラウマ記憶を繰り返し賦活《ふかつ》させ、病的な恐怖の構造

表1　PE マニュアルにおける適応基準と除外基準

適応基準
広範囲にわたるトラウマに関連した不安と回避
PTSD 症状そのものに対する不安
コントロールの喪失の恐怖や「頭が変になるのではないか」という恐怖
除外基準
精神病、極度の解離症状
現実的な罪と恥に関連した PTSD 症状（例：戦争中の殺人、もしくはレイプの加害など）

の変更をはかる。さらに、現実場面においても不適切な認知の変化がもたらす回避をとらえ、段階化、繰り返しの曝露をはかることで修正していく。具体的には、これらの曝露法は、想像エクスポージャー、現実エクスポージャーと呼ばれ、ＰＥの二つの基本的な要素となっている。

4　曝露の方法

想像エクスポージャーでは、恐怖や不安をともなった記憶について、繰り返し話をさせる。しかし、話をすることに主たる目的があるのではなく、記憶への持続的なアクセスが本質であるとされる。具体的な教示としては「記憶のもっとも苦痛な部分を繰り返し、なるべく詳しく、時間をかけて、その場にいるように話す」ということになる。例えば、被害者が強姦の被害にあっているのであれば、実際に、性交が行われた場面などがそれにあたる可能性が高い。

このような教示の部分だけが伝えられて、「クライエントに非常に苦痛を与える治療法」というイメージをＰＥが生んでいることも確かである。筆者自身も実際の治療に接するまでは、そのような危惧を持っていた。もちろん記憶の想起や表現は、ＰＴＳＤを持つクライエントには勇気を要するものであることは間違いない。ただし、実際には、この治療法は、そのような大変な作業であるからこそ、専門的な技術で安全にコントロールし、クライエントを励ましながら行う、そのための技法であると言ってもよい。

比喩でいえば、外傷体験そのものと曝露法による治療は、ナイフで怪我をすることと、その傷を消毒して処置することと同じくらい違うのである。よく説明し、いま何が起こっているかをクライエントも納得し、感情も現実との関わりも適度に保ちながら曝露を行う。「片足を過去に、片足を現在に置く」ように行う曝露のコントロールは、コントロールの利かないフラッシュバックの状況とも、全く感情がともなわない解離的なトラウマの語りとも異なるものである。

一方、現実エクスポージャーでは、恐怖や不安感をともなうためにできなくなっている現実の場面に曝露していく。例えば、人がそばにいることが恐怖感をもたらすために、人ごみに行けなくなるPTSDのクライエントは多いが、このような場合に、実際に、これまで行けていたような人ごみに行ってもらい、場面に曝露していくことを行う。実際には、宿題として、課題が作られ、セッションの間の生活の中でクライエントは現実エクスポージャーの練習をすることになる。現実エクスポージャーの宿題はその不快さのレベルを評価して、段階的に行っていく。例えば、最初は、家族と一緒にスーパーマーケットに行き、やがては、混んだスーパーマーケットで一人で買いものをできるようにする、というように進めていく。このような現実での曝露は段階を追って進むため、早い段階からクライエントの生活に利益をもたらし、次の段階へ進む動機づけともなる。

定式化されたPEには、二種類の曝露法以外にも複数の要素が含まれている。例えば呼吸法や心理教育、認知的な介入も構成の要素である。また家でやるための宿題がセッションごとに出されるのも特徴の一つであろう。本法だけでなく多くの効果の実証されるPT

SD心理治療が宿題を用いている。PEでの宿題の中心はふたつある。一つは、先に述べた現実エクスポージャーの課題であり、もう一つは、セッションの録音テープを聞くことである。セッション全体を繰り返してもう一度聞き、想像エクスポージャー部分については毎日一度は聞くように言う。

筆者は最初は「宿題はこの療法の重要な部分である」というフォアのことばに実感を持つことが難しかったが、実際に治療を行ってみると、宿題はこの療法に不可欠な要素であり、単なる附録ではないことがよくわかった。PTSDの状態にある人は、集中力が低下している。本の一ページを読んでも、意味がつなげられない人も少なくない。また、トラウマに関わることについては、解離性健忘が起きやすくなる。このような場合に、九〇分から一二〇分を要するセッションの内容について、しっかり覚えているクライエントはほとんどいないと言ってよい。「自分が何を話しているか、録音を聞いて初めてわかった」、「話しているときは、よくわかっていなかった」という場合が多く、心理教育が大事なこの療法では、家で聞きなおすことは必須である。自分自身の語りについても、「思ったよりちゃんと話せている」、「自分がどこを大変に思っているのか初めてわかった」などと言う人もあり、クライエントはセッション中には、自分の状態を振り返る余裕がないことがよくわかる。また想像エクスポージャーの内容についても、録音をきくことは自分で語るよりも余裕があることが多く、クライエントにより安全な状況でのトラウマ記憶への曝露が可能である。

5　治療はどのように進み、どのようにクライエントは変わるのか

ここではPEの手続きの解説をすることが主目的ではないので、その大まかな経過と治療者の手ごたえについて説明したい。

本法は全八～一五セッション、標準一〇セッションで完結する。一回のセッションは九〇～一二〇分で、週一～二セッションのペースで進める。最初のセッションは詳細で個別化された心理教育から始まる。心理教育は引き続き毎セッションで行い、PTSD症状と治療法の原理をクライエントに何度も繰り返し伝える。第二セッションの後半でクライエントに回避症状をリストアップしてもらって不安階層表をつくり、現実エクスポージャーの課題を設定し、現実エクスポージャーを始める。第三セッションで記憶に対する想像エクスポージャーが開始される。第四セッションから第九セッションは、二つのエクスポージャーが同時に進行する。最終セッションでは振り返りと今後症状が出た場合の対処の方法について話し合う。

トラウマティックな記憶を心理的に扱う場合に、どの程度積極的に記憶にアクセスしていくかということは、重要な問題である。通常の犯罪被害者のサポーティブカウンセリングでは、「話したいときにはゆっくり話してもらう」、「話したくない時に話さない」という言い方が使われることが多いが、これは二次被害を考慮した選択である。事件のことを詳しく話すということは、被害者の側から言うと二次被害につながりやすい、ということ

は常識的な考えだし、実際にそういうことも多い。あまり経験のないカウンセラーや相談員を想定する場合には、これはこれで正しい選択である。被害の話を聞いて動揺してサポートができなかったり、とるべき態度がわからなくなるような場合に、詳しく話させるべきではない。トラウマ記憶に対して積極的な曝露をはかる方法が良い成績をあげているからと言って、その方針を変えるべきではない。

しかし、サポーティブカウンセリングの中でも、トラウマについて話し合う機会がある場合のほうが「よくなる」ことは被害者に関わる多くの臨床家が経験することではないかと思う。事件以外の話に終始する被害者は、長い年月を経て一見良くなっているように見えても「PTSD症状は変わらない」ということも多い。

問題はいかに安全に、いかに有効に曝露を行うかということになる。PEの中心は、トラウマ記憶への積極的な曝露であることは間違いがないが、その記憶に対してクライエントが適切な量の感情関与を保てるようにすることが、想像エクスポージャーにおける治療者の技術になる。恐怖や不安の感情を保ちながら、時間をかけてトラウマを語ることは、クライエントにとっても簡単な作業ではないが、適切な曝露を行うために、またクライエントの動機づけを保つために、治療者にも、即時的な評価と介入が要求される。フラッシュバックが起きたり、解離をもつクライエントの場合などは、クライエントに何が起こっているか、判断し、次の方策をその場で決めていく必要があり、臨床能力がかなり要求される作業になる。

6　治療効果とまとめ

治療成績については、現在、筆者の研究グループで結果を蓄積中であり、また一部分を投稿中である。詳細は他論文にゆずりたいが、PTSDと診断された一五人を治療した二〇〇七年八月までの段階の結果では、治療中断は二名、治療を完結した一三名中一二名はPTSD、抑うつ症状、解離症状が軽減し、うち六名はPTSD診断が消失した。治療者は七名であり、一五例のうち半数は初めてPEを行った治療者による結果であることは特筆できよう。また、重症者が多く、DVなどの複雑なトラウマのほうが、一回限りの被害より圧倒的に多いクライエントを対象としているので、この結果は十分満足できるものである。これまでのPTSD臨床の経験から言うと、何年も、ときには何十年もPTSD症状を抱えてきた人たちが、三ヶ月程度で大きく変化することだけでも、特筆すべきことだと感じる。短期間で構造がしっかりしていることもあるが、抑うつ症状、人格障害や解離性障害の合併があっても特に問題なく経過している。

問題点があるとすれば、まず、治療のための環境を整えることが大変なこと、初心のセラピストにはスーパービジョンが必要であるため、その手間が大変なこと、の二つであろうか。毎回セッションのビデオを撮りながら週一回約二時間のスーパービジョンをこの治療法に割くことは、普通の臨床機関ではなかなか難しいに違いない。訓練を受けマニュアルを入手し、必要な資料をそろえ、環境を整えるだけでも大変である。またスーパービジョンはこの治療法を行うには必須のものであるが、スーパーバイザーの側から言ってもスーパーバイジーの側から言っても、環境が整ってさえ決して楽なことではない。

治療の適応を見るためにも、成果を見るためにも、構造化診断面接が必須であるが、それを行えるようになるための研修さえもなかなか受けられるチャンスがないというのが日本の実情かもしれない。筆者の所属する大学心理臨床センターでも、最初にフォアのワークショップに参加してから実際にこの治療法が複数の治療者によって臨床的に稼働するようになるまでに四年を要した。

治療のエビデンスの話から始めながら治療の実感で終わるのは、竜頭蛇尾もはなはだしいが、現在、海外の研究ではすでに定評のある治療を実際に導入している最中である、という現状から書けることを書いてみた。今後さらにデータを蓄積して紹介したいと思う。

（小西聖子）

引用・参考文献

American Psychiatric Association　2000　*Diagnostic and statistical manual of mental disorders Fourth Edition, Text Revision ; DSM-IV-TR*. American Psychiatric Association : Washington, DC.（高橋三郎・大野 裕・染矢俊幸（訳）2002『DSM-IV-TR　精神疾患の診断・統計マニュアル』医学書院）
飛鳥井 望・廣幡小百合・加藤 寛・小西聖子　2003「ＣＡＰＳ（ＰＴＳＤ臨床診断面接尺度）日本語版の尺度特性」『トラウマティック・ストレス』第1巻第1号　47-53p.

Bisson, J. I., Ehlers, A., Matthews, R. et al. 2007 Psychological treatments for chronic post-traumatic stress disorder. Systematic review and meta-analysis. *Br J Psychiatry*, 190, 97–104.

Bryant, R. A., Sackville, T., Dang, S. T. et al. 1999 Treating acute stress disorder : An evaluation of cognitive behavior therapy and supportive counseling techniques. *Am J Psychiatry*, 156 (11), 1780–1786.

Cohen, J. A., Deblinger, E., Mannarino, A. P. et al. 2004 A multisite, randomized controlled trial for children with sexual abuse-related PTSD symptoms. *J Am Acad Child Adolesc Psychiatry*, 43 (4), 393–402.

Davidson, J. R., Foa, E. B., Huppert, J. D. et al. 2004 Fluoxetine, comprehensive cognitive behavioral therapy, and placebo in generalized social phobia. *Arch Gen Psychiatry*, 61, 1005–1013.

Foa, E. B., Hembree, E. A. Cahill, S. P. et al. 2005 Randomized trial of prolonged exposure for posttraumatic stress disorder with and without cognitive restructuring : Outcome at academic and community clinics. *J Consult Clin Psychol*, 73 (5), 953–964.

Foa, E.B., Hembree, E. & Rothbaum, B. 2007 *Prolonged explosure theropy for PTSD : Emotional processing of traumatic experiences Therapiest guide*. Oxford University Press.

Foa, E. B. & Kozak, M. J. 1986 Emotional processing of fear : Exposure to corrective information. *Psychological Bulletin*, 1, 20–35.

Foa, E. B., Liebowitz, M. R., Kozak, M. J. et al. 2005 Randomized, placebo-controlled trial of exposure and ritual prevention, clomipramine, and their combination in the treatment of obsessive-compulsive disorder. *Am J Psychiatry*, 162 (1), 151–161.

Kessler, R. C., Sonnega, A., Bromet, E. et al. 1995 Posttraumatic stress disorder in the National Comorbidity Survey. *Arch Gen. Psychiatry*, 52 (12), 1048–1060.

van der Kolk, B. A., Spinazzola, J., Blaustein, M. E. et al. 2007 A randomized clinical trial of Eye Movement Desensitization and Reprocessing (EMDR), fluoxetine, and pill placebo in the treatment of posttraumatic stress disorder : Treatment effects and long-term maintenance. *J Clin Psychiatry*, 68（1）, 37–46.

Lang, P. J.　1977　Imagery in therapy : An information processing analysis of fear. *Behavior Therapy*, 8, 862–886.

Lang, P. J.　1979　A bio-informational theory of emotional imagery. *Psychophysiology,* 16, 495–512.

National Institute for Clinical Excellence　2005　*Post-traumatic stress disorder : The management of PTSD in adults and children in primary and secondary care*. Gaskell and the Bretish Psychological Society.（National Institute for Health and Clinical Excellence（http : //www.nice.org.uk/guidance/CG 26）よりダウンロード可）

Rothbaum, B. O., Astin, M. C. & Marsteller, F.　2005　Prolonged exposure versus Eye Movement Desensitization and Reprocessing（EMDR）for PTSD rape victims. *J Trauma Stress*, 18（6）, 607–616.

Shear, K., Frank, E., Houck, P. R. et al.　2005 Treatment of complicated grief : A randomized controlled trial.　*JAMA*, 293, 2601–2608.

Ursano, R. J., Bell, C., Eth. S, et al.　2004　Practice guideline for the treatment of patients with acute stress disorder and posttraumatic stress disorder.　*Am J Psychiatry*, 161（11 Suppl）, 3–31.（American Psychiatric Association（http : //www.psych.org/psych-pract/treatg/pg/prac-guide.cfm）よりダウンロード可）

第5章　事故・災害被害と危機介入

1　危機と危機介入

「危機（Crisis）」は、人が通常持っている、事態に打ち克つ作用がうまく働かなくなり、ホメオタシス（恒常性）が急激に失われ、苦痛と機能不全が明らかに認められる状態［アメリカ精神医学会, 1994］である。すなわちその人が持つ通常の自己防衛の方法や問題解決の方略が崩壊してしまった状態で、心身に何らかの不調や変調が生じている状態である。危機には、アイデンティティ・クライシス（Identity Crisis）など発達的なものと喪失、暴力、災害など状況に起因するものがある。危機に対する当事者の対処行動を「危機対応」、第三者の支援活動を「危機介入」と呼ぶ。危機介入（Crisis Intervention）は、被害者や組織が物事に対処できる機能状態に復帰できるように援助することである。危機の中にある人の苦悩や症状を安定、低減するために立案された急性精神状態に対する応急処置とも言える［Everly & Mitchell, 2001］。危機事態は、自然災害（地震、津波、噴火、台風、水害など）、人為的災害（火災、自動車事故、航空機墜落、事故爆発）、戦争や暴力（戦争、テロ、殺人、レイプ、虐待）などが含まれる。

また、これらの危機事態に遭遇してダメージを受ける人は、直接的被害者だけでなく、被害者遺族や家族、災害の救援者、報道などからのダメージをうけた地域住民なども含まれる。

事故や災害などの危機事態に遭遇し、ダメージを受ける人達を**表1**［松井、2005］のように便宜上分類することができる。第一は、事件、事故の被害者や災害の被災者など、直接的な被害を受けた人達である。第二は被害者・被災者と心理的なつながりの深い人達で、家族（遺族）や保護者だけでなく親友や恋人なども強いダメージを受ける。第三は、災害や被害者支援に従事する救援者やボランテイアも事件・災害現場を目撃したり、二次的外傷を受けることがある。第四は地域住民がマスコミなどの報道による間接的体験によりダメージを受けることがある。二〇〇一年九月一一日の米国同時多発テロ事件の際には、多くの人がテレビに釘付けになり、一緒に見ていた子どもたちが強い不安を抱くことから一時、テロ場面の報道が自粛された。

このように、事故・災害による被害は、直接的な被害者だけに留まらず、多くの人達が関連する被害を受けている。また、同じ事故や災害による被害を受けていてもその内容や程度は被害者ごとに異なるので、その被害者のニーズに応じた個別の支援が必要となる。

事故・災害時には、およそ次のような支援が必要とされる。

・生活支援

地震などの災害などで家が崩壊したり、道路が使用できなくなり、ライフライン（電気、

表1　事故・災害によるストレスを受ける人（［松井、2005］を改編）

1次被害者	：被害者・被災者
1.5次被害者	：被害者や被災者の家族（遺族）
2次被害者	：職業的災害救援者――消防職員、警察官、軍人
	災害時に救援することが多い職業――医師、看護士、カウンセラー
	職業とは無関係に救援――災害ボランティア
	惨事を目撃しやすい職業――報道関係者
3次被害者	：報道などで衝撃を受けた地域住民

水道、ガスなど）の供給が停止、食料不足やトイレ、風呂が使用できないなど、安全な日常生活が送れない状況では、安全な生活を回復することが急務となる。避難所に緊急避難した場合でも、水、食料や生活物資が必要となる。家が倒壊した場合や噴出した有害ガスの影響などで戻れる家がない場合、避難命令が解除されても仮設住宅や公共住宅などの支援が必要となる。また、ＤＶの被害者の場合、夫の暴力から逃げて身を隠し安全に生活するシェルターや家の提供や生活保護支援が必要なこともある。

・医療的支援

事故・災害では多くの人達が生死に関わる重傷を負ったり、負傷することがある。また、医療施設が被害により使用できなくなり、従来から医療機関にかかっていた患者さんたちへの医療行為が行えない場合もあり、医療チームや医療器材の早急な派遣と治療開始が求められることが多い。

最近、国内の大規模災害では、全国の医療機関が医療チームを派遣することが行われるようになってきた。また、一部ではあるが、医療チームと併設して心のケア班など心理的支援の専門化チームが組織され外傷体験によるＰＴＳＤや精神的障害などの予防や治療が実施されるようになってきた。

・司法的支援

犯罪被害の場合、加害者からの加害を食い止め、被害者の安全を確保するのは、司法による処置によることが多い。しかし、司法手続きの中で、現場検証や裁判での陳述などで被害者が再体験させられるなど、さらに心理的なダメージが加わることもあり、被害者ケアを考慮した司法的支援を行うことが求められるようになってきている。

・経済的支援

家や家財、職場などを失い、生活費、治療費や生活再建の費用など経済的に困窮することが多い。義援金や見舞金が支給される場合もあるが、その額は経済的損失全体を穴埋めできるものではなく、被害者のその後の生活が経済的に困窮し、苦労を余儀なくされることも多い。

・心理的支援

被害者には、多様な問題と心理的ダメージが加わっている。このような危機的事態に対処するには、第三者からの精神的な支えが必要であることが多い。心理的支援において、トラウマ反応の低減やＰＴＳＤの予防・治療は重要な柱ではあるが、肯定的な人生を再建するための精神的、生活的、実存的な問題解決への支援も重要である。ダメージからの回復には長期的な時間がかかることが多く、またその後の困難な人生を生き抜くには、中長期的な心理的支援が望まれる。

このように、被害者への支援ニーズは多様であり、その人のニーズに応じた総合的な支援を実施することが重要であり、被害者支援においては、多様な支援専門家が共同し、総合的な援助を実施することが望まれている。

2 総合的な援助

(1) 伝統的な臨床心理モデルから多元的行動モデルへ

伝統的な精神的治療は、構造化された治療・相談室で、面接時間なども計画的に実施されてきた。

しかし、事故や災害への支援においては、構造化された相談を実施することは困難であることが多い。また、被害者は受けた被害への対処で精一杯であり、精神的ケアを自ら求めて、相談機関を訪れることは少ないと言える。被害者支援活動においては、伝統的な治療モデルとは異なり、現場を主体に、多元的な活動（多元的行動モデル）をしなければならない。

支援者は、①被害現場を訪問（アウトリーチ）し、②被害者や組織のダメージやニーズを把握しなければならない。また、③被害者の被害ストレスをアセスメントし、④PTSDなどのハイリスク者をスクリーニングし、⑤具体的援助計画を立案し、⑥自ら実行しなければならない。また、⑦混乱している現場・組織の状況を安定化（環境へのアプローチ）させ、⑧限られた現地の資源・人材をコラボレート（共同）して、⑨中長期ケアを考慮した総合的な援助体制を構築することも重要な責務である。その際に、⑩被害者自身が、正しい知識を持ち、症状を理解し、セルフケアできるように対処方法を教えることも大切である。また、⑪その組織や地域の人達が被害者の長期的な支援者として関われるようストレスマネジメント教育（心理教育）を実施することも必要である。

さらに⑫直接的被害以後に生じる二次的、三次的被害を防止することも必要であり、特に⑬他機関や他の専門職種との連係のコーディネートは一から創造的に取り組まねばならないことが多い。

(2) 総合的援助体制の構築

被害者の状況に応じた総合的な支援を実施するには、個別的なアプローチだけでなく、安心できる環境を整え、限られた支援者の資源を有効に活用し、被害者の状況に応じた総合的なケア活動ができる体制を整えることが必要となる。**図1**に「総合的な心のケア活動体制」を示す。この図は、横軸は被害者数、縦軸は被害者のダメージの強さをあらわしている。多くの災害や事件の場合、低レベルのダメージを受けている人達が一番多く、強いダメージを受けPTSDのハイリスク対象になる人達の割合は少なく、おおむね三角形となる。

・セルフケア

危機的事態が発生すると、多くのマスコミや関係者がPTSDの発症の危険性を指摘することが多く、被害者の不安を増大させてしまう結果になることがある。まず、ストレス

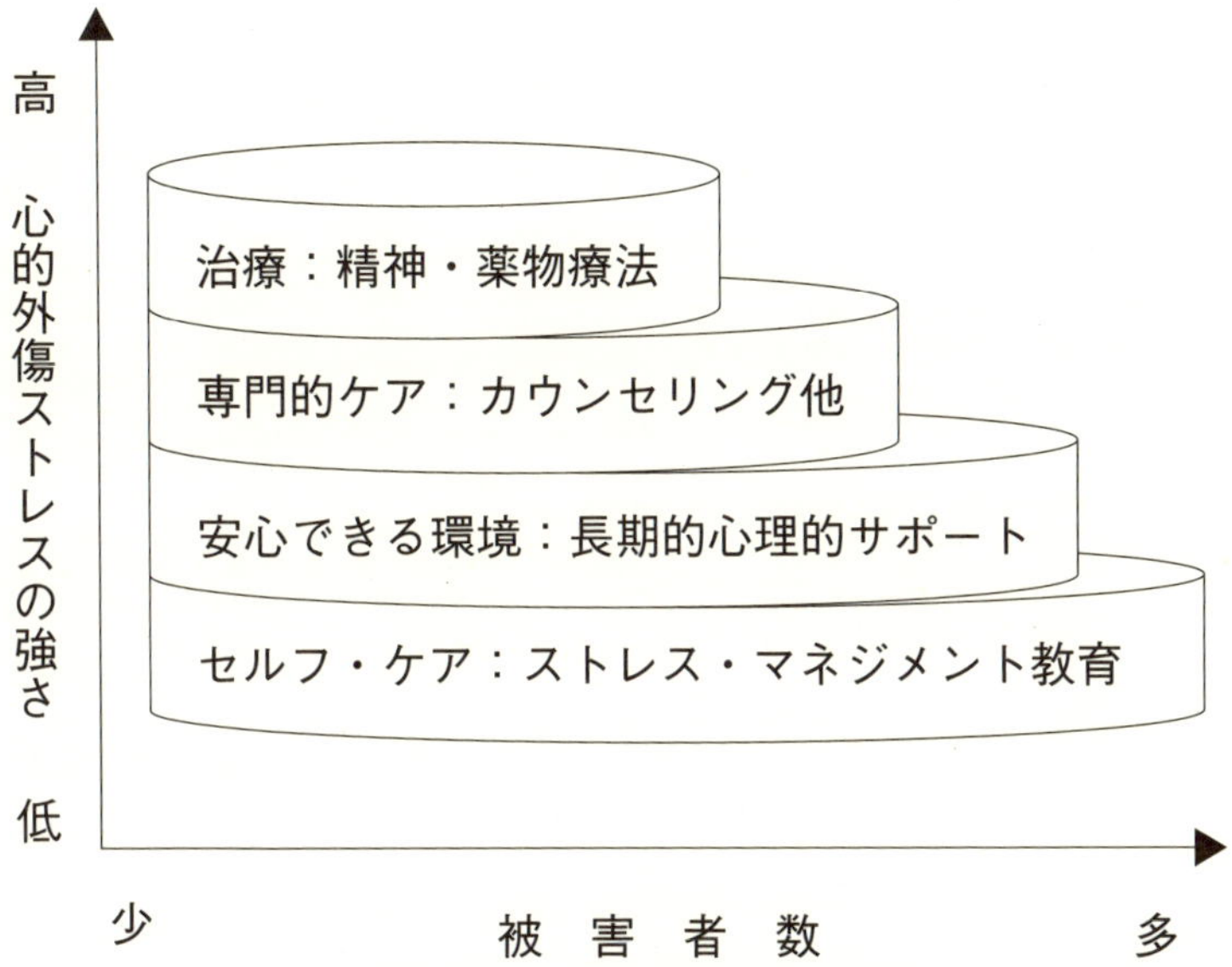

図１　総合的な心のケア活動体勢［小澤、2004］

マネジメント教育を実施し、ストレス反応やトラウマ反応について正しい知識と対処法を伝え、人間には自然治癒力があり対処が可能であることを心理教育することが、集団を沈静化することにつながる。ストレスマネジメント教育では、自分の意思でコントロールできないものと理解していた情動や身体の症状が、「異常な状態に対する正常な反応であり、自己コントロール可能である」という新たなパラダイムを被害者に提供することになる。ストレス対処法の学習や各種のリラクセーション法の学習は、自己コントロール感・自己肯定感を回復させることに貢献する。また、ストレスマネジメント教育の場で、総合的な心のケア体制を構築することの重要性を説明することは、コラボレーション（共同）する際の共通理解の基盤を作ることに役立つ。このストレスマネジメント教育は、被害者が理解できる言葉や方法で教えることが大切である。

・安心できる環境

強いダメージを受けた被害者の多くは、一人ではトイレに行けない、夜眠れないなど、自分自身の力では安心することはできなくなるが、信頼できる人が身近にいて、寄り添ってくれるなら安心できることが多い。家族や教員など、被害者と信頼関係があり、共感を持ち適切な助言ができる人が安心できる環境をつくっていく。この安心できる、守られている環境の中にいて、外傷的記憶が処理されていく。安心できる環境をつくるには、身近にいる家族や教員が、まずストレスケアについてよく理解し、被害者が安心できるように日常生活をサポートすることが重要である。保護者や教職員などを対象とした講演会や研修会などを開催し、ストレスマネジメント教育を実施し、中長期的な支援者となってもらえるよう、被害者のケアができるように原理や誘導方法について詳しく説明する。

また、個別カウンセリングにおいても、被害者の心理を説明し、被害者にどのように接するのか、具体的にアドバイスしてゆく。

・専門的ケア

大きな災害や事故の場合、限られた支援者で多数の被害者全員に個別のケアを継続することは不可能であることが多い。

①ハイリスク者をスクリーニングし、専門的なケアを集中的に実施することが望まれる。危機後、強い症状を呈している人だけでなく、症状がなくても直接的経験をした人、被害者と心理的なつながりがある人は、ハイリスク者として継続的にフォローすることが必要である。

②被害者自身が現在の状況やストレスによる症状について正しく理解できるよう心理教育する。トラウマ反応やストレス反応は自然な反応であり人間は対処する力があることを理解してもらう。

対処方法として、リラクセーション法（呼吸法、漸進的筋弛緩法、統合リラクセーション法、動作法など）を学習することで、自己効力感も向上する。また、継続することで、副交感神経の活動が亢進しリラックスしやすい体を作ることが可能であり、再体験などの場面で、落ち着きを取り戻すことが容易になる。

③トラウマ反応や自責の念の強い人、脆弱《ぜいじゃく》性が高い、複合的なストレスを経験している人には、ストレスケア・カウンセリングや認知行動療法、ＥＭＤＲなどを実施する。特に被害者は、ダメージを受けたことから、社会や人に対する信頼感、安全感を失い、引きこもりや他者との交流を回避することがあるので、安心感を取り戻せるよう関わることが重要である。

④複合的なストレスは、ＰＴＳＤなどの発症やダメージからの回復に悪影響を及ぼすので、他のストレス要因への対処も検討する。

・治療

ストレス障害の症状が重い場合は、精神科医や臨床心理士による専門的治療が必要である。初期から複合的なストレス低減をはかるとともに、精神療法や薬物療法を実施することが必要である。回復には時間がかかることもあり、中長期的なフォローが必要である。

(3) 事件後の二次的被害の防止

被害者は、事件や災害などの直接的な被害によるダメージを負っただけでなく、生活再建のことや人間関係の悩みなどさまざまな問題に直面しており、そのストレスの総和が被災者への負担となって加わっている。また、周囲の人達の無理解な言動や犯罪捜査の過程で二次的・三次的被害を被ることもある（**図２**）。

被害者は、事件や災害に遭遇した場合、人間や環境に対する不信が高まり、家にひきこ

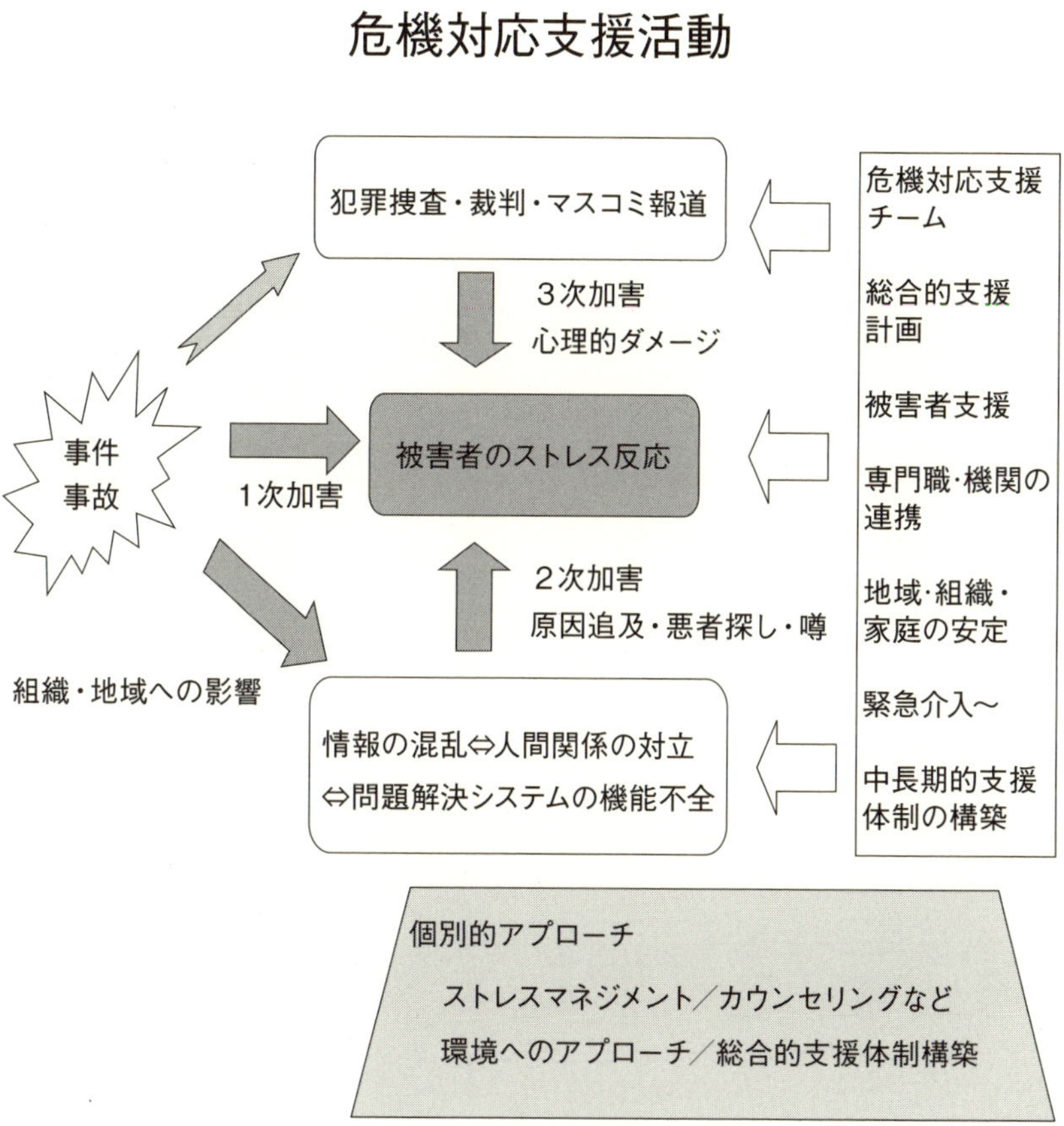
危機対応支援活動
犯罪捜査・裁判・マスコミ報道
3次加害
心理的ダメージ
事件
事故
被害者のストレス反応
1次加害
2次加害
原因追及・悪者探し・噂
組織・地域への影響
情報の混乱⇔人間関係の対立
⇔問題解決システムの機能不全
危機対応支援チーム
総合的支援計画
被害者支援
専門職・機関の連携
地域・組織・家庭の安定
緊急介入〜
中長期的支援体制の構築
個別的アプローチ
ストレスマネジメント／カウンセリングなど
環境へのアプローチ／総合的支援体制構築

図2　二次的被害の防止

もり、外部の人達と交際しなくなることも多い。外部からのソーシャルサポートがないと、孤独な生活からうつ的になったりストレス障害の回復が進まないこともある。防止するためには、被害者の環境（家族や職場、学校、地域の人達）の状況やダメージについても理解し、関係調整や心理教育の実施などの支援をする必要がある。被害者を取り巻くさまざまな問題へ対処するためには、それぞれの専門家やチームが共同して、被害者のニーズに対して総合的に支援することが大切である。しかし、危機事態に際し、そのような体制が構築されていることはほとんどなく、現場対応の中で、一から構築する作業となる。お互いの役割や活動について相互理解することからスタートし、被害者のために何が必要か、何が望ましいのかを見失うことなく、現実のさまざまな障害や制度、慣習を柔軟に変えてゆく姿勢が必要である。

3　回復への支援

(1)　ナチュラル・デブリーフィング

エヴァリーとミッチェル（Everly, G. S. & Mitchell, J.T.）は、緊急事態に遭遇することにより生じるストレスを予防し緩和するために、統合された多元的なアプローチである緊急事態ストレス管理方法（ＣＩＳＭ: Critical Incident Stress Management）を提唱し、危機予防支援サービスの普及に貢献した。ＣＩＳＭの中核となるのは、グループによるデブリーフィング技法であるが、この有効性について、効果があるとする見解と効果がないとする見解があり、わが国では否定的な見解が一般的になりつつある。飛鳥井［2004］は、技法としての単回セッションのデブリーフィング技法に、PTSDの発症予防効果までも期待することはできないであろう、ストレスや回復のあり方は個別的であり、杓子定規な対処はそぐわない、と述べている。

また、冨永［2005］は、トラウマ体験の開示を求めないストレス・マネジメントや家族や同僚が自然発生的に災害体験を語り支え合うナチュラル・デブリーフィングが有効であると述べ、語ることによるカタルシスが、回復の決定定要因ではなく、語れるほどに回復した状態になって、困難な状況を他者と分かち合うソーシャルサポートや、困難な状況を克服する方法を探す過程が、回復に寄与するかもしれないとしている。

【事例1】ナチュラル・デブリーフィング

幼児襲撃事件の目撃者であったA子は、その後母親が一緒ならば幼稚園に行くことができた。園児へのストレス・マネジメント教育を実施したうえで、A子の面接を実施した。一番怖かった時の気持ちと今の怖さを両手の幅で表現させた。恐怖感は約半分に低下していたが、事件がまた起きるかもしれないという予期的不安は、事件当時の怖さと同じ強さであった。多くの場合、現在の不安と予期的不安のレベルは同じであることが多いので、母親に心当たりを確認したが原因は不明であった。翌朝、母親が登園バスの中で、A子が指差すガードマンについてたずねたら、「あの人が犯人だよ」と答えた。犯人と体格の似ているガードマンを犯人と勘違いしていたのだ。A子は事件が起きて以来、大好きな幼稚園に通うためにまた事件が起きるかもしれない恐怖感に耐えながら通園していたのだ。母親から事情を聞き、すぐにA子にカウンセリングを実施した。犯人は逮捕され牢屋にいること、先生やガードマンが守っていてくれることを話した。担任の先生にお願いし、昼休みに再度ガードマンが犯人ではないことをA子に話してもらった。A子は、大好きな先生の手をとり「本当に安心していいの」と飛び上がって喜んだ。その夜母親からも安心してよいことを伝えてもらった。

A子は、それまで事件のことは話したがらなかったが、本当に安心できたのであろう、被害にあったB君の様子を人形を使って話し始めた。赤い色紙でB君が出血していたことを再現し、「こんなに血が流れて、とても怖かった」ことが話された（**写真1**）。母親は気持ちを受け止め、みんなが守っているから大丈夫であると伝え、人形の手当てを行った。A子は、一週間後に一人で登園しはじめた。

この事例では、A子は、信頼できる先生や母親から犯人が捕まったことを繰り返し教えられ、本当に安心することができた。この安心できる環境の中で、それまで語ることができなかった恐怖体験が自然と話され、母親にその気持ちを受け止めてもらうことで、回復への過程へと進んでいった。

これは、冨永［2005］が述べているナチュラル・デブリーフィングと言えよう。

(2) ストレスケア・カウンセリング

写真1　怪我をしたお友達の再現

山田［2006］は、惨事ストレスには、できるだけ早期から、リラクセーションを中心としたストレスマネンジメントを実施することがＡＳＤからＰＴＳＤへの移行を防ぐ有効な手段であり、事件や災害後の心のケアは安全・安心の確保とリラクセーションを提供することが、交感神経系の興奮を鎮め、ＡＳＤ症状を抑えることになると述べている。

カウンセリングは、被害者が抱える精神的、生活的、実存的問題の解決を支える上で、有効かつ重要であるが、通常のカウンセリングとは異なり、ストレスケアの知識と技法を心得て行うことが必要である。

被害者・被災者のケアにおいて、カウンセリングやソーシャルサポート、感情表現の有効性は、経験的にも、またいくつかの研究結果からも示されている。

バックレイ、ブランチャードとヒックリング［Buckley, Blanchard & Hickling, 1996］は、自動車事故によるＰＴＳＤの発症と社会的援助の間には、逆相関の関係があることを見出している。またバンとクラーク［Bunn & Clarke, 1979］は初期の危機介入において、二〇分の支持的カウンセリングの形で危機についてのカウンセリングを実施した結果、不安が減少することを報告した。ペネベイカー［Pennebaker, 1999］は、自己開示（自ら語ること）が、直面する危機や心的外傷について、新たな視点を持つことになり、その後の人生を前向きに歩むことができると述べている。人間は、心身のホメオタシスを維持・回復する力や困難な状況を乗り越える力を内在しており、肯定的な人生の再建を支援する上でカウンセリングは有効であると言える。緊急事態では家族や周囲の人達も被害者であることが多く、また緊急事態への適切な対処について正しい知識や方法を身につけていないことから、適切なサポートができないこともある。また、周囲の心ない言動が被害者にさらなるダメージを加えることがある。このような場合、カウンセラーなどの専門的支援者の協力が必要となる。

① ストレスケア・カウンセリングの機能

ストレスケア・カウンセリングには、次のような三つの機能がある。

・機能1：ストレスケアによるPTSDやストレス障害などの予防や回復の支援

第一の機能は、危機事態ストレスから生じるPTSDやストレス障害などの発症を予防し、あるいは回復を支援することである。恐怖体験を心の中に閉じ込めないで、表現することはPTSDの予防や回復への重要なプロセスであるが、表現する際に体験を想起することは被害者の精神的な状態を不安定にさせる危険性がある。被害者の心理的ダメージの回復状態に応じた表現ができるよう個別のきめ細やかな配慮が必要である。杓子定規なデブリーフィングや絵画療法、心理テスト、被害状況の聴取などの実施は、人によっては心理的なダメージを増幅する危険性があることを理解し、慎重に実施しなければならない。カウンセリングの「クライエントの気持ちに寄り添い傾聴に徹する」ことは、ナチュラルなデブリーフィングを促進することになる。ストレスアセスメントを実施し、ダメージの程度を把握し、ストレスケアの視点から、被害者をリラックスさせ、その精神的な安定が保たれる範囲内で、自然な形での体験の再構築を進めるなら、カウンセリングは非常に有効なアプローチとなる。

・機能2：総合的支援のためのカウンセリング

第二の機能は、被害者が直面する多様な問題の対処について心理的なサポートを行うことである。被害者は、事件や災害などの直接的な被害によるダメージだけでなく、生活再建のことや人間関係の悩みなどさまざまな問題に直面しており、そのストレスの総和が被災者の負担となって加わっている。また、周囲の人達の無理解な言動や犯罪捜査の過程で二次的・三次的被害を被ることもある。

このような複合的なストレスが加わる場合、ダメージからの回復や予後が悪くなることが報告されており、被害者を取り巻くさまざまな問題へ対処するための総合的な危機対応支援活動が必要であり、カウンセリングは被害者に加わるさまざまな問題の解決について心理的サポートを行う重要な支援手段である。

・機能3：肯定的人生の再建の支援

第三の機能は、被害者やその家族（遺族）の肯定的人生の再建を支援することである。大切な人を失った悲しみやその記憶が無くなることはないが、その思い出や記憶を背負って、自分の人生を前向きに生きることを支援することが重要であり、その回復過程を心理的に支えることはカウンセリングの重要な機能である。生と死や耐えがたい状況に直面した人は、社会や自己に対する信頼や期待が裏切られることになり、大きな苦悩を経験することが多い。中井［2006］は、阪神・淡路大地震のケアの体験から、フラッシュバックや悪夢がなくなっても、残ることとして、(1)基本的信頼の欠如、(2)時間の停止、(3)治療者に与える影響をあげている。基本的信頼の欠如は、この世が安全であり、今日も明日も安心して生活が営めるという信頼感が失われてしまったことである。また、時間が停止することは、特に犯罪被害者においてその時を忘れられない、また忘れることは失った人を自分の心の中からも失うことであり、決して忘れたくないという思いがあり、その出来事から離れて日常生活を送れなくなっている。

被害者が回復するためには、トラウマとなった経験を自分の意識のなかに、あるいは自分の人生の経験の一部として統合することが求められる。

この回復のプロセスでは、体験を繰り返し想起し、話すなかでその記憶が次第に自己が受け止められる内容に変化すると考えられるが、その変化は、安心して寄り添ってくれる誰か、話を聴いて受け止めてくれる他者の存在によって、安心感、安全感が生じ、否定的な感情や思考を中和することで生じると思われる。

また、危機に直面した多くの人達は、苦悩する過程のなかから生きることの意味や実存的価値・将来への希望を見出し立ち直ってゆく。藤森［2004］は、南西沖地震における被災者の一一年にわたる追跡調査を実施した。被害者の回復過程は長期にわたることや人生の出来事（再婚や出産、就職など）を通じて回復してゆく過程のなかから、援助の本質として、(1)災害援助の必要性、(2)役割の獲得、(3)過去の意味づけ、(4)今を生きることの理解をあげている。このような心理的回復には、トラウマケア・カウンセリング、生活支援、キャリア・カウンセリングなどあらゆる接近を試みることが必要と述べている。

② ストレスケア・カウンセリングの実際

ストレスケア・カウンセリングを実施するためには、ストレスケアについての正しい知識と技能を理解・修得しておくことが必要である。ストレスケア・カウンセリングのやり方についていてさまざまな方法があると思われるが、筆者が行っているストレスケア・カウンセリングについて主要な点を紹介しておく。

・スクリーニングの実施

災害や事件による被害が広域かつ甚大である場合、ダメージを受けている多くの人達の中から、強いダメージを受けたハイリスクの人達をスクリーニングし、集中的なケアを実施することが必要となる。スクリーニングには、聞き取りによるものと、ストレス調査用紙を使用する方法がある。聞き取りによる方法では、集団のリーダー（所属長や担任など）や周囲の人達から、①災害・事件の直接的被害・間接的被害に遭遇している人、②家族や知人に被害者がいる人、③災害や事件後、行動や様子に気になる変化がおきている人を確認する。その聞き取り結果をもとに、ケアの対象となる候補者をすべてリストアップした被害状況調査リストを作成する。このリストに記載されたケア対象候補者すべてに個別のストレスケア・カウンセリングを実施し、被害の内容や症状を確認するとともに、ストレスケアを継続実施する。

ストレス調査用紙を用いる場合、その実施については、十分注意をして実施する必要がある。特にＰＴＳＤの調査用紙では、「そのことを思い出すと、その時の気持ちがぶりかえしてくる」などの質問があり、質問に答える際に、その場面を想起させる危険性がある。実施については、説明を十分に行い記入したくない場合は無理に記入する必要はないことを伝えておく。リスクマネジメントの視点から、外傷体験に曝露された人や被害者との心理的関係が強い者については、症状の有無にかかわらずハイリスク群として、一定期間フォローすることが必要である。

・ストレスケア・カウンセリングの実施

被害状況や症状の確認

ストレスケア・カウンセリングでは、現在の身体的症状から確認するとよい。ストレス調査用紙を用いて確認しても良い。事件の様子は本人が話せるなら、再体験にならない範囲で聴いてゆく。体験を想起することが苦痛をともない不安を喚起するようであれば、すぐに中止しリラクセーションを行い、気持ちを落ち着かせる。本人の精神的な安定を優先し、無理に聞き出すことはしない。恐怖感についてＳＵＤ（自覚的障害単位）を使用し、スケーリングしておくことは、症状の変化の把握に有効である。「事件当時の恐怖の強さ（または、今まで一番怖かった時）を10とすると、今の恐怖はいくつになりますか」（子どもの場合、両手をひろげた幅でその怖さを表現させると良い）。このスケーリングにより、体験からの回復のレベルを推察することができる。

生存者や遺族の場合、「私が〜していれば、未然に防ぐことができたのに、こうなったのは私の責任である」といった自責の念を持つことが多い。子どもはいろいろな出来事を自分の行動や考えに関係づけて考える傾向がある。このような自責の念の有無を確認し、もしあれば、積極的に和らげることが必要である。

セルフケアの指導・リラクセーション法の施行

ストレス反応は自然な反応であること。人間は回復する力を内在しており、適切な対処をすることで、ダメージから回復することが可能であることを伝えるとともに、リラクセーション法を施行する。リラクセーション後、恐怖感がSUDでどの程度低減したかを確認する。

自分の情動やストレス反応をコントロールできるという実感は、事態の脅威を低減させ、自己信頼を回復させる契機となる。リラクセーション練習を続けることにより、交感神経系の活動が優位な状態を副交感神経系の活動が優位な状態へ自分の力で切り替えることが容易にできるようになり、ASDからPTSDへの移行を防ぐことができる。特に夜寝る前に行い熟睡することは、体の回復力を引き出す上で重要である。また、筆者は家族で一緒に練習することを勧めている。困難な事態を一緒に乗り切る作業を通じて、安心感とともに家族の絆も深まる。

カウンセリングの実施

リラクセーション体験により気持ちが安定した後に、カウンセリングを実施することで、事態への脅威や不安、否定的な思考は軽減し、肯定的な思考や気づきが生じやすくなる。

複合的なストレスを抱えている場合、その各問題へ対処を支援し、ストレスの総和を下げることが必要である。事件・災害意以外のことについても、困っていること、悩んでいることはないか確認する。できるだけ初期から、ストレス低減をはかることが重要である。また、家族との関係調整が必要であれば、家族カウンセリングも実施する。肯定的な人生の再建には、時間がかかることが多く、人生の意味の再構築の支援やキャリアカウンセリングによる支援が有効である。

4　今後の課題

わが国の被害者支援活動は発展途上にあり多くの課題があるが、特に次の三点を指摘しておきたい。

・危機意識

大きな災害や事件を危機と考えがちであるが、個人の対処方略が崩壊した時が危機であり、いじめや経済的破綻による自殺も含まれる。このような危機は、誰もが人生の中で遭遇する可能性があるが、危機に対する対処法について、支援者も一般の人達も十分に知らないまま、危機事態に直面することになる。危機意識の向上と危機予防教育の実施が望まれる。

・危機支援の専門家の養成

最近、わが国でも災害や事件が多発しており、早急に危機支援の専門家を養成し、緊急時に派遣できる体制を作る必要がある。また、人生の中で誰しもが危機に直面する可能性があるように、心理臨床家は事故・災害などの被害者をケアする可能性がきわめて高いと言える。心理臨床家は、被害者支援について十分な知識とを技能を習得しておくことが必修と言えよう。

・人道的援助と専門的援助

大規模な事件や災害では、多様な領域の専門家が人道的支援として、ボランティアで支援活動を行うのが常となってきた。しかし、専門家がボランティア活動として取り組むには限界がある。

専門家には、代理で済ますことのできない本来の業務があり、ボランティア活動に従事できる期間にはおのずと限界がある。新潟中越地震の際に多くの専門家がボランティアとして支援活動に従事したが、雪が降る頃には、そのほとんどの支援団体が撤収してしまった。中長期にわたる専門的な支援活動は、ボランティア活動ではなく専門的業務として位置づけ、公的な資金や基金によって、被害者が必要なサービスを継続的に受けられる制度を作ることが必要であろう。

（小澤康司）

引用・参考文献

American Psychiatric Association　1994　*Diagnostic and statistical manual of mental disorders*（*Fouth* edition）. APA Press.（アメリカ精神医学会　1994　『精神障害の診断と統計マニュアル　第４版』）

飛鳥井 望　2004　「解題─緊急事態ストレス・デブリーフィング考」『惨事ストレスケアー緊急事態ストレス管理の技法─』誠信書房　189–197p.

Buckley, T. C., Blanchard, E. & Hickling, E.　1996　A prospective examination of delayed onset PTSD secondary to motor vehicle accidents. *Journal of Abnormal Psychology*, 105, 617–625.

Bunn, T.& Clarke, A.　1997　*National crime victimization survey*. Wash. DC : U.S. Department of Justice.

藤森和美　2004　「災害援助の過程と終結─北海道南西沖地震における被災者の回復過程から考える」『臨床心理学』第４巻第６号　758–762p.

Everly, G.S. & Mitchell, J.T.　2001　*Critical Incident stress debriefing : An Operations manual for CISD, defusing and other group crisis intervention services* third edition. Cherron Publishing.（高橋祥友（訳）2003 『緊急事態ストレス・ＰＴＳＤ対応マニュアル─危機介入技法としてのディブリーフィング』金剛出版）

松井 豊　2005　『惨事ストレスへのケア』ブレーン出版

中井久夫　2006　「トラウマについての断想」『こころの科学』第129号　22–29p.

小澤康司　2003　『在外教育施設安全対策資料─心のケア編』文部科学省初等中等教育局国際教育課

小澤康司　2004　「海外日本人学校への被害者支援活動」『臨床心理学』第24巻　743–747p.

小澤康司　2005　「総合的援助体制の構築」藤森和美（編著）『学校トラウマと子どものケア実践編』誠信書房

小澤康司　2007　「惨事ストレスに対するカウンセリング」『現代のエスプリ別冊臨床心理クライエ

ント研究セミナー』181–190 p.

Pennebaker, J. W.　1999　The effects of traumatic exposure on physical and mental health : The values of writing and talking about upsetting events. *International Journal of Emergency Mental Health*, 1, 9–18.

冨永良喜　2005　「デブリーフィングからストレスマネジメントへ」藤森和美（編著）『学校トラウマと子どものケア実践編』誠信書房

山田冨美雄　2006　「ベッドサイドのストレスマネジメントから平時のストレスマネジメント教育へ―難病患者、災害被害者へのアプローチに続くもの―」『現代のエスプリ』第469号 180–192p.

第6章　学校危機とＣＲＴの支援

――クライシス・レスポンス・チームの紹介――

1　学校危機とCRT

(1)　学校危機対応と心のケア

安全であるべき学校を舞台に、さまざまな事件や事故が発生している。**表1**はこれらを学校全体の危機の程度で分類したものである。本稿では、学校危機が発生した場合の方針決定、記者会見、保護者会など校長を中心とする管理職の対応を「危機対応」と呼び、子どもと直接関わるクラス担任、学年主任、養護教諭、スクールカウンセラーなどの対応を「心のケア」と呼ぶことにする。

学校内における心のケアの専門家としてはスクールカウンセラーが重要な役割を担っているが、レベルⅡの事件や事故が発生した場合には、一人のスクールカウンセラーでは対応が難しくなるため、教育委員会がスクールカウンセラーを臨時に配置する必要が生じる。各県臨床心理士会の尽力によりさまざまな緊急支援が行われてきた[窪田・向笠・林ほか、2005／藤森、2006]。レベルⅢ～Ⅳの場合には、当初は数人～十数人の専門家が必要とな

表1　学校危機のレベル

規模	レベル	事案例
大規模	Ⅵ	北オセアチア共和国学校テロ
	Ⅴ	大阪教育大学附属池田小学校児童殺傷事件
中規模	Ⅳ	校内で児童殺害 山口県立高校爆発物事件
	Ⅲ強	校内で自殺、目撃多数 小学校のプールで水死、目撃多数
	Ⅲ弱	親子心中事件、学校に報道多数
小規模	Ⅱ	学校で児童が倒れ、搬送先の病院で死亡 自宅で子どもが自殺
	Ⅰ	家族旅行中の交通事故で児童死亡

CRTの派遣対象はレベルⅢ弱～Ⅳ

るが、その日のうちにこれだけの数のスクールカウンセラーを確保することは地方の県では困難であることから、初期対応は多職種チームのほうが現実的と考えられる。また、レベルⅢ以上では、当初は心のケアよりも危機対応のウェイトが大きくなるが、学校管理下の事件や事故では、学校や教育委員会の管理責任を巡りしばしば紛糾するため、学校や教育委員会は身動きがとれなくなることが多い。殺到するマスコミ、遺族の悲しみと憤り、深まる保護者の不信感、教職員の疲労困憊への対応ができず、これらの悪循環が起こり、「子どもを守る」ことが後手に回ってしまうのである。このような場合に、「子どもを守る」という立場に立った外部の危機対応チーム（ＣＲＴ：Crisis Response Team）が支援に入る意味がある。ＣＲＴは専門的で中立的な立場から、学校と見解を異にすることもあるが、学校や教育委員会とは独立したチームの存在が学校の透明性を高め、信頼回復につながる。

本稿では、学校を対象とするＣＲＴの支援とその構造について紹介する。

(2) 学校ＣＲＴとは

「期間限定で専門家チームを派遣し、支援者（学校の場合には教職員）への支援を中心に活動する」という基本コンセプトは米国のＣＲＴ*と同じであるが、わが国のＣＲＴは経験を重ねながら独自に組み立てたものである。わが国のＣＲＴは、二〇〇三年の山口県*［河野、2005］を皮切りに、二〇〇五年に長崎県［浦田、2007］、二〇〇六年に静岡県でスタートし、二〇〇七年には和歌山県でもスタートしたほか、いくつかの自治体で準備中である。各県ＣＲＴの出動実績は**表2**の通りである。山口県ＣＲＴスタートのきっかけは、二〇〇

＊米国ＣＲＴウェブサイト（http://www.trynova.org/crt/）を参照。

＊山口県ＣＲＴウェブサイト（http://www.h7.dion.ne.jp/~crt/）を参照。

表2　各県CRTの出動実績（2003年8月〜2007年6月）

県	年　月	回	レベル	事故・事件概要	日数	実人数	延人数
山口県	2003年10月	1	Ⅲ弱	母親による双子殺害（小6）	3日	6人	15人
	2003年12月	2	Ⅲ弱	親子心中（小3）	3日	7人	15人
	2004年2月	3	Ⅲ弱	母親による幼児殺害	3日	9人	20人
	2004年3月	4	Ⅱ	校内で倒れ病院で死亡（小4）	2日	6人	9人
	2004年9月	5	Ⅱ	母子が死亡、心中か（小6）	3日	9人	18人
	2004年10月	6	Ⅱ	5人が波にさらわれ1人死亡	2日	7人	11人
	2005年4月	7	Ⅲ強	校内で自殺（中3）	3日	11人	25人
	2005年6月	8	Ⅳ	高校爆発物事件（高3）	3日	11人	28人
	2006年8月	9	Ⅲ強	高専学生殺害事件	3日	15人	33人

県	年	回	レベル	日数	実人数	延人数
長崎県	2005年	1	Ⅲ弱	4日	5人	14人
	2005年	2	Ⅲ弱	3日	10人	20人
	2005年	3	Ⅱ	3日	11人	16人
	2005年	4	Ⅱ	3日	7人	13人
	2005年	5	Ⅱ	2日	3人	5人
	2006年	6	Ⅲ強	3日	14人	23人
	2006年	7	Ⅱ	2日	11人	13人
	2007年	8	Ⅱ	2日	9人	12人

県	年　月	回	レベル	事故・事件概要	日数	実人数	延人数
静岡県	2005年4月	1	Ⅲ弱	親子心中	3日	6人	11人
	2006年2月	2	Ⅱ	親子心中未遂	1日	2人	2人
	2006年12月	3	Ⅱ	自宅で中学生自殺	3日	8人	17人
	2006年12月	4	Ⅲ弱	校外で母親と兄弟殺害（中学校）	1日	9人	9人
				（小学校）	1日	10人	10人
	2007年4月	5	Ⅲ弱	校内で夜間に高校生自殺	3日	12人	24人
	2007年4月	6	Ⅲ弱	校舎から高校生転落死	3日	16人	27人

一年六月に発生した大阪教育大学附属池田小学校児童殺傷事件であった。衝撃を受けた専門家有志がすぐに準備を始め、二年後の二〇〇三年にスタートし、その後県が事業化した。

我が国のCRTは、多くの子どもが心に傷を負う可能性のある重大な事件や事故が発生した際に学校に駆けつける〝心のレスキュー隊〟である。「二次被害の拡大防止と心の応急処置」を目標としている。**表1**の中規模事案（レベルⅢ弱〜Ⅳの事案）を対象としている。大規模事案（レベルⅤ以上）への対応能力はない。

CRTの隊員は、医師、臨床心理士、精神保健福祉士、保健師、看護師など多職種の官民の専門家で構成されており、それぞれの職種の持ち味を生かして、幅広いサポートを提供する。精神保健福祉センターがCRTの司令塔になっており、教育委員会とは独立した外部チームである。

CRTは「レベルⅢ以上、最大三日間」の初期対応に特化したチームで、原則としてレベルⅡ以下では出動しない。山口県CRTの過去九回の出動では、依頼があって四時間以内に現地で支援を開始している。CRTは事件発生から日にちがたって要請された場合にも出動できない。記者会見、保護者会、葬儀などが行われる最初の三日間で危機対応の大勢は決まってしまうからである。CRTは「心のケア」チームだと誤解されることが多いが、実は「危機対応」に重点を置くチームなのである。三日間に限定しているのは、隊員の心身の限界と、本来の業務を置いて出動するため職場へ支障が出ることが最大の理由であるが、学校が依存的になるのを防ぐ意味もある。

このモデルを学校以外の地域災害などへそのままあてはめることはできないが、危機に強い人材を養成し、互いのネットワークを強化しておくことが地域災害時における心のケアの基盤となる。

(3) CRT支援活動の構造

CRTの活動内容についてCRTを主語に分類すると、①〜⑤の五つの支援メニューに分けることができる（**表3**）。一方、CRTが学校と協働で「何をするか」で分けると、(1)〜(8)の八つの任務に整理することができる（**表3**）。まず、五つの支援メニューについて簡単に説明する。

① 評価とケアプラン策定の手助け（校長、教育委員会への助言）

危機対応は校長のリーダーシップにかかっていると言っても過言ではない。CRT隊長は校長に寄り添い、助言する。

② 教職員への助言、サポート（一般教職員へのサポートとグループワーク）

次に鍵を握るのが教師である。教師が落ち着いて適切な対応をすることが重要であることから、子どもへの対応方法を助言する。教師を集めて対応方法についてのレクチャー（心理教育）を行ったり、子ども一人一人のダメージを評価し、ケアを統括する。教室や保健室でも教師をサポートし、必要に応じて教師のカウンセリングを行う。

表3 CRT支援活動の構造

8つの任務	5つの支援メニュー
(1) 危機対応態勢と計画	①評価とケアプラン策定の手助け（校長、教育委員会への助言）
(2) 遺族への対応と喪の過程 (3) 保護者会への対応	③保護者への心理教育（保護者会、遺族、葬儀への対応サポート）
(4) マスコミ対応 (5) 学校安全活動	⑤その他（マスコミ対応サポートなど）
(6) 心のケア態勢と計画 (8) 教職員へのサポート	②教職員への助言、サポート（一般教職員へのサポートとグループワーク）
(7) 子どもと家庭へのサポート	④子どもと保護者への応急対応（子どもと保護者への個別ケア）

③　保護者への心理教育（保護者会、遺族、葬儀への対応サポート）

比較的ダメージの軽い多くの子どもたちは、保護者が落ち着いて適切な対応をすることで安定することが期待できる。保護者会でＣＲＴは保護者に適切な対応方法を説明する（心理教育）。また、遺族や葬儀への対応についても学校にアドバイスする。

④　子どもと保護者への応急対応（子どもと保護者への個別ケア）

以上のように、学校コミュニティ全体の安定をはかりつつ、個別ケアが必要な子どもと保護者にアプローチする。ただし、ＣＲＴによる個別ケアは応急処置に留まる。

⑤　その他（マスコミ対応サポートなど）

慣れないマスコミ対応に管理職は忙殺され、神経をすり減らしてしまう。ＣＲＴは学校や教育委員会のマスコミ対応をサポートし、誠実で積極的な情報発信を促していく。警察との連携についてもＣＲＴがサポートすることがある。

2　ＣＲＴの八つの任務

ＣＲＴが学校と協働する八つの任務について説明する。ただし、本稿だけでは現場で使うには説明不足なので、あくまで理解の一助とされたい。

(1) 危機対応態勢と計画

① 危機対応態勢

危機対応の矢面に立つ校長の消耗を防ぎ、的確な指示が出せるように支える必要があることから、CRT隊長は校長の傍にいて、常にアドバイスできるようにする。CRTは学校や教育委員会の方針の下で活動するチームではなく、方針の組み立てをアドバイスするチームである。もちろん、校長はCRTの助言を鵜呑みにするのではなく、自分の頭で考えることが大切である。さもないと、CRT撤収後に困ったことになる。

全教師による「職員会議」や主要教職員による「校内危機管理チーム会議」にCRTが出席する。校長を中心とする「本部」が、方針策定、マスコミ対応、保護者会などの危機対応を受け持ち、子どもと直接関わる養護教諭、教育相談、スクールカウンセラー、学年主任、関係するクラス担任などで構成する「ケア会議」が心のケアを受け持つのが効率的である。職員が一丸となるためには、校長が「最終責任は自分が取る」という姿勢を示すことが不可欠である。会議の様子などから、管理職と教師、教師間の関係を見抜く必要がある。

危機時には、教職員だけではマンパワーが足りないことから、教育委員会が至急職員を派遣し、学校では手が回らない部分をサポートする必要がある。**表4**は、過去の経験から導き出された最初の三日間の必要人数の目安である。教育委員会による職員派遣はCRT

表4　学校危機のレベルと対応態勢（事件後3日間の目安）

レベル	事件や事故の例	教育委員会職員派遣数	必要とされる専門家の数※
Ⅳ	校内で子ども1人が殺害される	4人以上	CRTなどの専門家15人以上
Ⅲ強	校内で子どもが自殺、数名目撃	3人以上	CRTなどの専門家10人以上
Ⅲ弱	親子心中事件	2人以上	CRTなどの専門家　6人以上
Ⅱ	子どもが体育で倒れ、病院で死亡	2人以上	スクールカウンセラー2人以上
Ⅰ	家族旅行中の事故で子どもが死亡	―	スクールカウンセラー1人以上

※CRTは補助業務隊員を含む。

を派遣する条件でもある。出動するかどうかと隊員を何人派遣するかはＣＲＴが判断する。

②　状況把握と情報管理

状況把握は不可欠だが、すぐには十分な情報が集まらない段階でも、対応を進めていかなければならないのが危機対応である。希望的推測を慎み、「もしこうだったらこうしよう」という代替プランも用意する。何月何日何時時点で公表できる情報を箇条書きにして職員間で共通認識しておくことが望ましい。これには、「事件や事故の概要、対応経過、今後の計画」が含まれる。

いじめなどの背景が明らかになるのには時間がかかるため、情報がないからと言って、早い段階でいじめを否定してはならない。自殺の場合、一つの原因で起こるものではなく、さまざまな要因が複雑に絡み合っているのが一般的であることから、「原因」や「因果関係」ではなく、「動機」、「要因」、「背景」という言い方が適切と考えられる。

③　危機対応計画

今後の予定（緊急保護者会、緊急記者会見、学年集会、葬儀など）や、休校にするかなどを至急決めなければならない。

ＣＲＴの支援は最大三日間であるため、スクールカウンセラーなどによるアフターケアが必要になる。ＣＲＴ撤収日には引継ができるように、教育委員会に対して早めの手配を求める。**表5**は、二〇〇五年六月に発生した山口県立高校爆発物事件（レベルⅣ）におけ

表5　スクールカウンセラーの派遣人数の例（高校爆発物事件／2005年6月／レベルⅣ）

1週目	毎日7〜8人
2週目	毎日3〜4人
3週目	毎日2〜3人
4週目	毎日2人
5・6週目	毎日1人
夏休み中	変則配置
9月以降	週1.5人

るＣＲＴ撤収後のスクールカウンセラー派遣人数である。県臨床心理士会の全面的な協力によって実現できたが、これだけの人数を確保するのは難しいのが実状である。

(2) 遺族への対応と喪の過程

死亡事案では、遺族や葬儀への関わりについてＣＲＴが助言する。ＣＲＴは三日間限定であるため、遺族への直接支援はできないことも多い。

① 遺族への対応

校長や教育委員会管理職は、遺族のところへ出向くタイミングを逸しないことが大切である。リーダーは後ろに下がっているべきと考えている場合には、ＣＲＴが背中を押す必要がある。事件や事故について文書で保護者に知らせたり、保護者会で説明する場合には、可能な限り遺族に文案を見せて了解をとることが望ましい。遺族は、葬儀までは気が張っているかもしれないが、葬儀が終わるとそれまで抑えていた感情が一気に出て来ることがある。学校には葬儀が終わって以降も訪問することを勧める。やり場のない怒りが出て来るかもしれないことを伝えておき、しっかり受けとめていただく必要がある。

② 学校での喪の過程

教職員、子ども、保護者の葬儀参列については遺族の意向を確認するが、遠慮があったり、要望が変わってくるので、柔軟に対応できるようにしてもらう。学校が引率する場合でも、参列するかどうかは子ども（と保護者）に決めてもらう必要がある。葬儀以降も、始業式や終業式、誕生日、一周年、卒業式などでどうするかを検討してもらうことになる。

③　クラスでの喪の過程

葬儀へ参列するのがとても辛い時には参列しなくても良いことをクラスで伝えてもらう。ただし、参列しなかったことで非難を受けることが無いように、出棺の時間に合わせて黙祷《もくとう》するなど参加の方法を検討してもらう。葬儀のマナーを教師が子どもに教える必要がある。哀悼にふさわしくない態度を示す子どもが出て来るが、実はとてもショックを受けていて、それを否認するために場違いな行動に出ていることがあるので、教師にあらかじめ知らせておく。喪の過程は卒業まで続く。亡くなった友達を大切にすることと、つらい気持ちの友達に配慮することが「命の大切さ」を学ぶ機会となる。

(3)　保護者会への対応

子どもを守るために、多くの保護者と学校との協力関係が保たれるようにサポートする。保護者への個別ケアは(7)で説明する。

①　保護者会

正確な情報を素早く提供し、憶測に基づく噂が広がることを防ぐために、当初は可能な限り毎日保護者向け文書を発行し、すべての保護者に「何が起こったのか、学校がどう対応したのか、これからどうするのか」を伝えることが望ましい。学校の様子や今後の予定、子どもへの接し方、校内のカウンセリング、外部の医療機関や相談先の情報などをお知らせする。CRTは限られた時間で文書を作成できるように訓練しており、文書作成をサポートする。

PTAについては、「保護者の代表」としての立場を尊重し、言うべきことは言っていただき、協力できるところはしていただくというのが正しい態度と考えられる。PTA役員が学校寄りの立場をとると、保護者の支持を失いかねない。

多くの場合、緊急保護者会を開くことが望ましい。保護者会で苦情が出た場合には、校長や教育委員会管理職は誠実に受けとめる必要がある。その上で、「子どもを守る」ために学校と保護者が協力していくことを確認する。初回の保護者会では、保護者会終了後にCRTが簡単な相談を受け、保護者の不安の軽減に努めると良い。子どもへの適切な接し方や専門的ケアについて知ってもらうため、保護者会の中でCRTが二〇分程度の心理教育を行う。以下は説明例である。

・「まわりの大人が落ち着いて接することが大切です。ただし、大人が自分の気持ちを抑えると子どもも真似をして、つらい気持ちを隠してしまいます。」

・「子どもが話そうとしている時はしっかり聴いて、話をそらさないでください。子どもが話したがらない時は根掘り葉掘り聴かずに、『話したいことがあったらいつでも聴くからね』と伝えてください。」

・「不安が強いと、子どもは反対にはしゃいでしまうことがありますが、叱らないでください。」

・「幼児のように甘えたり、一人になりたがらないときは、できるだけそばにいてあげてください。」

(4) マスコミ対応

校長にとって、マスコミ対応は一番戸惑い、また、消耗する仕事である。子どもの生活の場である学校の信用を守るために、誠実で積極的な情報提供を心がけてもらう。

① マスコミ対応

記者の背後に多くの国民がおり、その学校の保護者、子ども、地域の人が含まれている。その人たちに語るつもりで対応することが大切である。学校にとって都合が悪いというだけで情報を出すことをためらっていると信用を失ってしまう。もちろん、プライバシーに関わる情報、裏の取れていない情報、断片的な事実は慎重に扱う必要がある。また、多くのマスコミが殺到している時に、一社ずつ個別の取材を受けると、それだけで忙殺されてしまうので、最初のうちは定期的に記者会見を開き、マスコミ各社に同時に同じ内容を伝えるようにする。

ただ、会見は初めてという校長が多く、学校だけでは対応できないので、教育委員会が同席するか進行するなどサポートする必要がある。あらかじめ会見で何を話すのか、資料の用意などの準備が必要になる。CRTはこれらの準備をサポートする。記者会見に同席することもある。心の専門家の立場から、心のケアについて説明し、記者の質問に答える。学校や教育委員会とCRTは立場が違うため、見解が異なることもある。

報道は自殺防止に重要な役割を果たすことができる。自殺の場合、手段の詳細、再現映像、場所や道具の写真、見取り図などが報道されると、連鎖自殺を誘発する危険性があるので、CRTから丁寧に説明する必要がある。

(5) 学校安全活動

子どもが安全や安心を感じることができなければ、学校内で心のケアはできない。

① 学校安全活動

学校と警察との連携が必要になる。CRTがサポートすることもある。警察の被害者支援について学校に説明しておくと良い。子どもへの事情聴取が行われる場合、不当な罪悪感を持たないような配慮が求められる。保護者の同席は当然だが、被害者や加害者と関係の深い子どもの事情聴取には、教師やできれば専門家の同席が望ましい。事件現場を子どもに見せないための対策が必要になることがある。子どもに安心感を与えるため、登下校時の立哨なども必要になろう。

(6) 心のケア態勢と計画

子ども一人一人の重症度を評価し、学校再開（事件後子どもが初めて登校すること）と心のケアの計画を立てる。

①　ケア態勢

各学年主任、養護教諭、教育相談、スクールカウンセラーらで「ケア会議」を一日一回以上開いてもらい、CRTも加わり、ケアのとりまとめをする。必要に応じて、クラス担任など関係する教師や管理職も加わる。学校再開日には保健室があふれる事態が想定されるので、別室を用意してもらい、保健室と別室に応援の教師や専門家を配置できるように備えておく。

②　被害把握

子どもたちの重症度を至急スクリーニングするため、以下の視点で、専門家と教職員が一人一人の重症度をチェックし、気になるケースをピックアップする。もちろん、完全に把握することはできないし、しばらくしてから症状が出て来ることもあるので、漏れがあるという認識を持っておく必要がある。

・怪我や入院の有無
・直接被害か目撃か
・被害者や加害者との関係性（家族、親友、同じクラス、同じクラブ、同学年など）。最後に接触した人は「あの時自分がこうしたからでは」と思いがちである。
・事件後の症状や行動（頭痛、腹痛、食欲不振、不眠、悪夢、集中困難、無口、自責、

怖がる、イライラ、怒りっぽい、はしゃぐ、甘える、一緒に寝たがる、など）
・事件前からの元々の問題（元々ハイリスクな子ども）
・教師の印象（ただし、教師の観察力に左右される）
・専門家の面接や観察による印象（ただし、一部のケースに限られる）

見落としを少しでも拾い上げるため、ＩＥＳ―Ｒ（改訂　出来事インパクト尺度）などの「心の健康調査」アンケートを実施することがある。質問項目が再曝露*にならないか、子どもにどこで書いてもらうのか、回収方法、集計結果の公表のあり方、ケアの方法などを詰め、保護者へ説明の上で実施することが望ましいので、実施するのであればＣＲＴ撤収後になろう。事件発生一週間後と一ヶ月後あたりが良いであろう。アンケート結果を見て初めて、教師や保護者が子どものダメージの大きさを実感することもある。事件のあったクラスの子どもに対しては、質問項目を絞り、手分けをして一斉に面接することもある。

再曝露
質問内容によってつらい体験の記憶を無理に思い起こさせてしまうこと。質問内容の事前チェックと、必要があれば心配な子どもを対象者からはずすなどの配慮が必要になる。

③　ケア計画

学校再開日にはカウンセリングの態勢を整えておく。学校の規模にもよるが、学校再開日に大きな集会を開くと、多くの子どもにパニックが広がった場合に対処ができない。感情を適切に表現することは大切であるが、対処可能な人数で扱う必要があることから、事件のことを伝え、悲しみなどの感情を出すのはクラスで行うほうが安全である。もちろん、心配なクラスには応援の教師と専門家が入るようにする。クラスによって伝える内容が大きく変わらないように、まず基本形を定めた上で、そのクラスに即した伝え方を専門家と各クラス担任が前もって協議しておく。

校長自ら語る場合は、学年別に三回に分けるか、集会はせずに放送を使うか、当該クラスに出向くほうが全校集会よりも安全である。校長のメッセージは短く（三分以内）、悲しみを強調しすぎないように、事実をサラリと話し、黙祷《もくとう》する。「命を大切に」というようなありきたりの言い方をすると、子どもの心が離れてしまうかもしれない。要点を箇条書きにし、クラス担任には前もって渡しておくのが良い。

自殺の場合、放送や集会では死亡の事実のみを伝え、自殺には言及しない。自殺の事実はクラスで伝えるが、誘発防止のために手段の詳細は伝えない。

(7) 子どもと家庭へのサポート

気になるケースをピックアップして積極的にアプローチしつつ、希望者のカウンセリングや電話相談に応じる態勢を整えるという、二本立てが望ましい。

① 気になるケースへの対応

ＣＲＴは、気になるケースには可能な限り接触を試みるが、ＣＲＴによる個別ケアは評価と応急処置に過ぎず、本当のケアはＣＲＴ撤収後に行われることになる。大きな事件であれば、多くのスクールカウンセラーが派遣されることになるが、多忙な専門家が学校に出向いてケアを続けることには限界があることから、医療の対象者であればなるべく医療機関を受診してもらうことを考えるべきであろう。ＣＲＴに精神科医がいると、精神科医療機関との連携が取りやすくなる。

② 個別相談

スクールカウンセラーの協力も得て、学校再開日のカウンセリング態勢を整える。相談室がいくつか必要になる。カウンセリングを受けたことが他の子どもにわからないような配慮も必要になる。ＣＲＴは電話相談を受け付けることもある。

(8) 教職員へのサポート

教師が落ち着いて適切な対応をすることが重要であることから、ＣＲＴは子どもよりも先に教師へアプローチする。被害を受けず目撃もしなかった子どもの多くは、専門家が直接ケアせずに教師を通したアプローチで安定することが期待できるからである。このように、子どもを取り巻く環境（場）を安定させることを「場」のケアと呼んでいる。

① 教職員への助言、ケア

ＣＲＴは校内に滞在し、随時教師の相談を受け付ける。中でも教師が当惑するのが学校再開時に「子どもにどういう態度で接したら良いか」である。教師が事実を伝えることのみに囚われず、自分の今の気持ちを率直に言葉にしてみる必要がある。教師同士で話したり、カウンセリングを受けることを勧める。教室では多数決を避け、「一人でもとてもつらいという友達がいたら、その子のために譲ってあげようね」というような、互いの気持ちを大切にする雰囲気作りに努めてもらう。回復は個人差が大きく、必ず何人か取り残されてしまうことをあらかじめ教師に伝えておく必要がある。

② 教職員への心理教育

CRTは、職員会議などを利用して、急性ストレス反応とその対応についての心理教育(三〇分ぐらいのレクチャー)を行う。内容は保護者への心理教育と同じだが、教師自身のメンタルヘルスについても触れる。教師のグループワーク(集団療法)を行うこともある。

③ 教職員サポート

心配なクラスには応援の教師とCRTが入ってサポートする。保健室では養護教諭と一緒にケアすることもある。医師や保健師や看護師の隊員がいると、身体症状を訴える子どもの脈や体温を測るなど身体からのアプローチが可能となる。聴診器、血圧計、白衣などの「小道具」が役に立つこともある。

3 CRTの構造

(1) CRTの特色

① 三タイプの隊員

CRTは、「指揮担当隊員」、「直接ケア隊員」、「補助業務隊員」という役割の異なる三タイプの隊員で構成されている。指揮担当隊員（隊長、副長）は、重要事項の決定、校長や教育委員会との交渉、マスコミ対応サポートなどを行う。指揮担当隊員は三六五日出動に備える必要がある。

直接ケア隊員は、教職員への助言、子どもや保護者への個別ケアを行う。直接ケア隊員の主力は臨床心理士である。

補助業務隊員は、会議や面接の記録、文書作成、面接の補助、食事の準備など、ロジスティクスを中心とする後方支援全般を担当する。言わば、隊員サポート専門の隊員である。

② タスクフォース（TF）

危機的状況では個人は弱いものだという前提に立ち、任務は個人にではなく、二人以上の隊員で編成するタスクフォース（任務班）に付与することにしている。典型的な編成例を**図1**に示すが、その時々の必要に応じタスクフォース編成は変わる。これには、隊員の入れ替わりがあるというCRT側の事情も関係している。大きくは、危機対応を受け持つ「本部」と、心のケアを受け持つ「分隊」に分かれて活動する。

役割分担が明確なCRTは最低数名は必要となることから、スクールカウンセラー一～三人で対応可能なレベルⅡ以下の小規模事案には向かないのである。

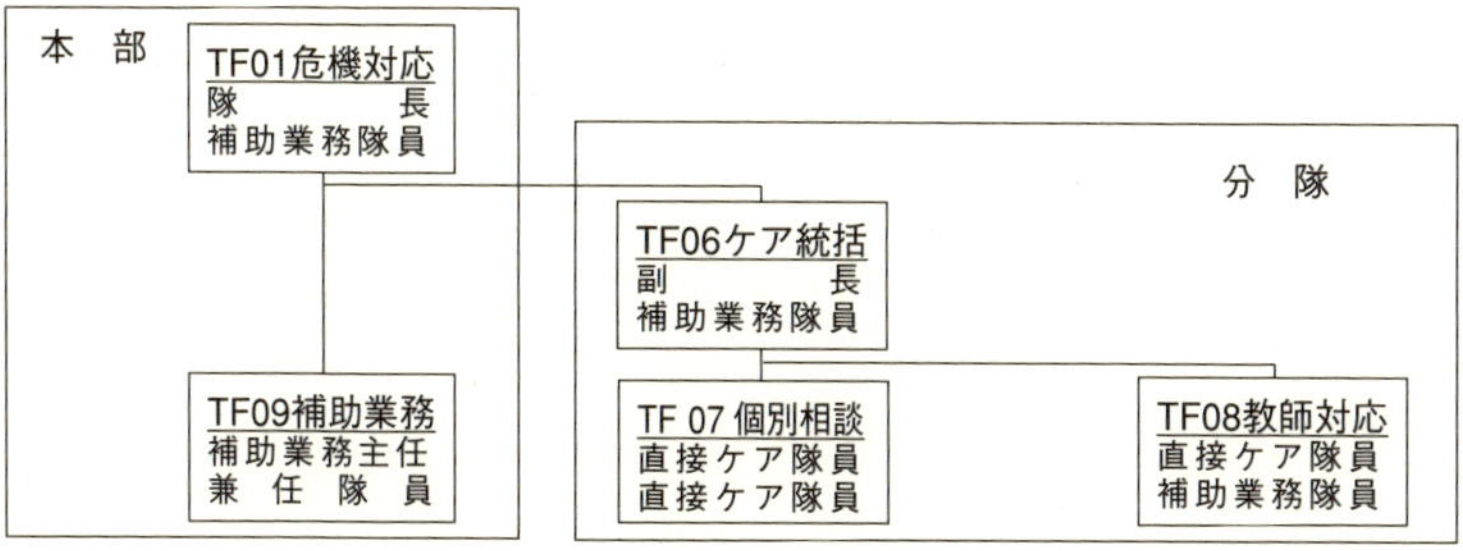

図1　タスクフォース編成例（9人）

③ ＣＲＴミーティング

全隊員が集まるＣＲＴミーティングは、朝、昼、夕、夜（最終）の四回開くのが一般的で、情報共有と方針決定のみならず、食事や休憩を兼ねている。人事（誰が出動するのか）、情報、業務（計画と編成）、補給などについて協議する。

撤収前のＣＲＴミーティングでは隊員の「分かち合い」の時間を持ち、一人一人自分の体験したことや今の気持ちを話す。「自分の活動が果たしてあれでよかったのかわからなくて不安」との言葉が聞かれることがある。初出動の隊員からは「雰囲気に圧倒されて何もできなかった」という内容が多い。「分かち合い」で、お互いの気持ちを受けとめ、ねぎらう。

図２　CRT ミーティング

(2) 補助業務（ロジスティクス）

隊員サポート専門の補助業務隊員は、隊員が本来の任務に集中できる環境を提供し、隊員の消耗や心理的ダメージを軽減させるという重要な役割を担っている。もちろん、学校現場に余計な負担をかけず、独立性を保つという意味もある。補助業務は単なる雑務ではなく、系統的かつ専門的な任務であることを強調しておく。

① 人事と補給

三日間フルに出動できる隊員は少なく、多くの隊員が出入りすることになるので、どの時間帯に誰が出動するのかを把握しておかなければ、活動を組み立てることができない。人数が足りなければ、隊長の指示に基づき追加の出動要請を連絡する。

隊員は「寝食を忘れて」活動に没頭してしまいがちなので、補助業務隊員が休息を勧める必要がある。食事も脂っこい物は受け付けず、弁当よりはおにぎり、サンドイッチなどの軽食が中心になる。甘い物や温かい飲み物も疲れを癒してくれる。食事とCRTミーティングの準備を補助業務隊員が行う。

補助業務のうち、「人事」と「補給」を統括する補助業務隊員を「補助業務主任」と呼ぶ。チームの要《かなめ》となる重要なポジションである。

② 情報と業務

チーム内のさまざまな情報を管理し、隊長の意思決定や伝達などを支援する。もちろん、こういった任務に熟達した隊員でなければ実施は難しい。

③ 任務の支援

CRTの任務⑴〜⑻への支援のことで、記録、集計、文書作成、面接の補助、グループワークの補助、記者会見の補助などを行う。

(3) 隊員を守ることと育てること

CRTでは隊員を守るために何重もの安心安全対策をとっている。ある意味で、任務遂行よりも隊員の安心安全対策を優先している。自分の心を犠牲にして他人の心を救うことはできないからである。また、CRTは危機対応力を有する人材を育成する場でもある。

① 隊員の安心安全対策

隊員は他者の心の傷に接することで、多かれ少なかれ自らの心にも傷を負う。これを「二次受傷」あるいは「代理受傷」と呼ぶ。事件や事故のシーンの繰り返し想起、不眠、悪夢、自責、怒りなどの症状を撤収後も引きずることがある。被害者に直接接することの多い直接ケア隊員が最もリスクが高い。一方、指揮担当隊員は、マスコミ対応のストレスや活動全体の責任がずしりとのしかかっていて、重圧で押し潰されそうになる。しばしば隊員は、高揚感や万能感を抱くこともあり、現地に長居することは危険なのである。

隊員の二次被害予防の第一は、専門家がリスクを承知の上で主体的にCRTに志願することである。職場の指示だけで隊員にさせることはCRTの理念に反する。もちろん、志願した専門家の中から隊員にふさわしい者を選別する必要がある。また、出動要請があった時に、隊員は出動を断ることができなければならない。心身のコンディションが悪い時には出動を断って構わないし、身内に不幸があった場合はしばらく出動を控えるべきである。CRTは一発芸ではなく、今後も出動を繰り返すわけであるから、隊員の損耗を避けることを最優先しなければならない。どんなに大変でも、「行ってよかった」と感じることができるなら、続けることができるのである。

CRT隊員は、三日間で完全に手を切り、本来の仕事や日常生活に復帰する必要がある。

したがって、本来の業務で関わる可能性がある場合にはCRT隊員として出動しないほうが良い。例えば保健所の保健師である隊員は、管内の事案であればCRT隊員として出動するのは避けたほうが安全である。スクールカウンセラーである隊員がCRT隊員として出動した学校に、アフターケアのためにその後も出向くのは二次受傷のリスクを高くする。同様に、精神保健福祉センターは、撤収後のアフターケアを求められないようにする必要がある。CRTは万能ではない。公務員だけでCRTを組織すると、できないことも「できる」ことにされかねない。

CRT隊員は三タイプに分かれており、それぞれの役割を制限することで、隊員に過大な負担がかかることを防いでいる。多くのチームでは、指揮担当隊員以外の隊員は匿名とし、学会報告などを禁止している。注目を浴びることから隊員個人を守るためである。

補助業務隊員の存在やタスクフォースを編成して複数で対応することも、隊員の負担軽減に寄与している。初めて出動する隊員には受傷リスクの高い任務はさせず、補助業務のうち比較的簡単な任務のみを与えている。異様な雰囲気の中で自分自身がどのような心理状態になるのかを体験することが一回目の課題と言えよう。

CRTは教職員との心理的な境界線を保つために、「教職員とは同じ釜のメシを喰わない」ことにしており、食事は自分たちで用意する。危機現場においては、隊員自身が危機に陥る危険性があるので、CRTミーティングなどで定期的に「巣に戻る」必要がある。CRT専用の控室が必須であり、派遣の条件にしている。撤収時には気持ちの「分かち合い」をし、最後に全員整列の上で隊長が活動終了を宣言し、全隊員がそろって教職員に別れを告げる。隊員は、教職員との間に生じた一体感のようなものをこの場に置いて帰り、本来の仕事や日常生活に戻り、次の出動に備えるのである。撤収後適当な時期に「ふりかえりの会」を開くことが望ましい。

② 研修

直接ケアのスキルは、日常臨床で培われた技を使うのであって、研修で習得できるものではない。ただし、CRT特有の「流儀」があるので、隊員はその習得のための研修を受ける必要がある。また、指揮担当や補助業務には、日常臨床とは異なるスキルが要求されることから、系統的な研修が必要になる。各県CRTでは、隊員に限定した「隊員研修」や、隊員でない専門家や教師も加わる「合同研修」を実施している。研修には他県の隊員も参加することがあり、県を超えて交流している。もっとも、危機対応力は、予測不能事態への対処力であるから、研修だけでは体得できない。CRTがスタートして二〜三年経過し、数回の出動経験を有するベテラン隊員が育ってくると、実力をともなったチームになる。

CRTは、官民のさまざまな機関に所属する多職種の専門家による言わば〝寄せ集め〟チームである。互いに面識がなければ出動してもすぐにチームとして活動を始めることはできないので、日頃の研修などで強固なチームワークを作っておく必要がある。強いストレスの中で隊員を守ってくれるのは、隊員同士の固い絆にほかならない。

4　おわりに

ＣＲＴは、われわれ専門家が地域社会のために最大三日間自分の技術と時間を献げるという活動である。専門家の情熱を保健福祉行政が損なうことなくうまく支え、単なる人材派遣事業にならないように工夫する必要がある。もちろん、学校や教育委員会の本来の責務を肩代わりするものではないので、レベルⅡまでとＣＲＴ撤収後の態勢を学校や教育委員会の責務として構築する必要がある。さらに、保護者や地域住民も、学校や専門家にお任せするのではなく、「できることをする」べく立ち上がってほしい。子どもを守るために、専門家、行政、学校・教育委員会、保護者・地域住民が「それぞれの責任を果たす」ことが大切である。

二〇〇六年には静岡県で第一回全国ＣＲＴ連絡協議会が開催された。今後は各県でバラバラにならないように、できる限りシステムの共通化を進めていきたいと考えている。ＣＲＴが起爆剤となり、次世代を守るための大きなうねりが起こることを期待しつつ筆を置く。

（河野通英・浦田　実・松本晃明）

引用・参考文献

藤森和美　2006　「学校への危機介入」金　吉晴（編）『心的トラウマの理解とケア　第2版』じほう　183–209p.

河野通英　2005　「クライシス・レスポンス・チーム（CRT）の活動―山口県の試み」藤森和美（編著）『学校トラウマと子どもの心のケア　実践編　学校教員・養護教諭・スクールカウンセラーのために』誠信書房　136–157p.

窪田由紀・向笠章子・林　幹男ほか　2005　『学校コミュニティへの緊急支援の手引き』金剛出版

浦田　実　2007　「心の緊急支援チーム（CRT）について」『月間生徒指導』4月号　10–13p.

第7章　犯罪被害者と修復的司法
——その状況・実践・課題——

1　はじめに

修復的司法の考え方は、近代刑事司法制度成立以前から存在したとされるが［Braithwaite, 1998］、一九七四年にキッチナー（Kitchener：カナダ・オンタリオ州）で、被害者・加害者和解プログラム（VORP：victim offender reconciliation program）が実験的に開始されて以降、再燃したとされる。その後、一九九〇年代に、修復的司法の実践は、家族集団カンファレンス（FGC：family group conference）、被害者・加害者調停（VOM：victim offender mediation program）、被害者・加害者対話プログラム（victim offender dialogue program）などの多様な形態をとって世界的に拡大した。近時の調査によれば八〇か国余において、修復的司法の実践は、何らかの形で導入されていると言われている［Van Ness, 2005］。

修復的司法は、本来、複数の分野にまたがる広範な可能性を有する概念であるが、本章では、本書の主題に沿って、犯罪被害者の支援に焦点をあてながら次の順に述べることとする。①修復的司法とは何か（修復的司法に関する基礎的概念の整理）、②修復的司法の実践（関係者のニーズ、諸外国および日本における実践例、日本における今後の活用可能性）、③修復的司法の課題。

2　修復的司法とは何か

修復的司法は、その多様な実践の隆盛とあわせて、定義、現行の刑事司法制度との関係、実践における関係者の権利保護のあり方などについて議論が見られる。そこで、修復的司法の実践を検討する前提として、これらの基礎的概念などについてまず整理することにする。

(1)　修復的司法の意義

複数の定義が見られるが、修復的司法（手続）過程に重点を置く立場［Marshall, 1998］と犯罪被害者に重点を置く立場［Umbreit, 1999］が見られる。本稿では、中立的な定義であり、国連の「刑事分野における修復的司法プログラムの活用に関する基本原則」［UN ECOSOC, 2002］（詳細は後述）においても採用されている前者の立場に基づいて議論を進めることにする。

この立場によると、「修復的司法」とは、特定の犯罪の結果、及びその結果が将来において有する潜在的な重要性（implications）をどのように扱うかについて、その犯罪に利害関係のある者が、集団的に解決を図る一つの過程（process）である［Marshall, 1998］。

この定義に含まれる重要な点を敷衍《ふえん》すると、次のようになる。修復的司法は、①犯罪に利害関係のある者（犯罪によって影響を受けた者）、すなわち、被害者、加害者、地域社会が、②自ら、主体的、積極的に、③犯罪の結果（過去）とその結果が将来において有する影響について、④関係者が一同に会して（集団的に）、⑤その解決策を模索する過程（問題解決アプローチ）である。この過程に相当する修復的司法実践が、冒頭で述べた、家族集団カンファレンス、被害者・加害者調停などの多様なプログラムないし手続である。

(2) 修復的司法の基本的な考え方

現代における修復的司法は、現行の刑事司法制度では十分に対応できない課題の解決を模索するための一つのアプローチとして登場した。その課題は、現行の刑事司法制度の根幹に関わるものである。すなわち、現行の刑事司法制度が前提とする犯罪概念では、「犯罪を国家秩序に対する侵害」と規定する。そこでは、市民革命を経て、国家に対する個人の基本的人権が確立されたことを前提に、犯罪現象は、国家対個人（一市民としての犯罪者）の関係と構成された。この基本構造は、近代刑事司法制度として、現在も維持されている。この近代刑事司法制度の下では、犯罪現象の解決（犯罪者の処罰）に際して現れる主役は、国家（訴追する立場にある者）と被告人（犯罪者）である。犯罪によって、直接的に、最も深刻な影響を受けた犯罪被害者は、刑事訴訟手続における証人としての地位を与えられたに留まっていた（日本では、二〇〇七年に刑事訴訟法が改正され、犯罪被害者の刑事訴訟手続への関与の程度が従来よりもかなり高められたが、この基本構造を変更するものではない）。

なぜ、このような構成が採られたかについては、深遠な法哲学的議論が前提となっているので、紙幅の関係で、ここでは触れない。実務的には、国家対個人の犯罪という構成は、個人の私的復讐を否定する代わりに、国家刑罰権の発動として犯罪者を処罰することにより、一つの犯罪現象を起点とする私人間の私的復讐の無限連鎖を回避し、もって社会の安全と秩序の維持を図るものと解されている。

しかし、このような構成の下では、犯罪被害者が、民事訴訟などの方法で損害賠償請求権を行使できる点は別として、刑事的には、犯罪被害者に対する積極的・実質的な支援策が用意されていないことが問題となっていた。犯罪被害者に対する支援策の変遷を、欧米諸国を中心とした世界的なレベルで見ると、まず、①一九六〇年代以降、犯罪被害者に対する国家による金銭的保障制度が整備され、②一九七〇年代に入って、犯罪被害者に対する直接的支援（被害直後からの直接的・継続的支援）が民間団体の活動を嚆矢《こうし》として活発化し、そこに政府の財政的支援などが提供されるようになり、③一九八〇年代以降は、刑事手続における犯罪被害者の法的地位の向上が図られるようになって（犯罪被害者に対する情報提供、刑事訴訟や仮釈放手続における被害者の意見陳述など）、現在に至っている* [染田ほか、2000]。

しかし、これらの改善策の導入によってもなお、通常、犯罪被害者は、加害者と直接対話する場を提供されることはなく、過去の行為に対する弁償はもとより、将来に対する方策（最低限、同一犯罪者による同一被害者の再被害化の防止）をともに考える機会を与え

*日本では、①の金銭的保障が、一九八〇年の「犯罪被害者等給付金の支給等に関する法律」（昭和五五年法律第三六号）によって開始され（二〇〇一年に支給内容などの拡充をはかる同法の改正が実施された）、②の直接的支援は、一九九二年、東京に犯罪被害者相談室（現在の社団法人被害者支援都民センター）が開設されたことをもって嚆矢とし（二〇〇〇年に全国被害者支援ネットワーク設立）、③の法的地位については、二〇〇〇年の「犯罪被害者等の保護を図るための刑事手続に付随する措置に関する法律」（平成一二年法律七五号）以降、複数の法律の制定によって整備が進められている。

また、犯罪被害者等のための施策を総合的かつ計画的に推進する「犯罪被害者等基本法」（平成一六年法律一六一号）が、二〇〇五年四月から施行されており、同年一二月二七日、同法を具体化するための詳細を盛り込んだ「犯罪被害者等基本計画」が閣議決定されて、関係省庁等を中心に実施が進められつつある。

られることはなかった。ここに、現代における修復的司法が脚光を浴びるに至った最大の理由が存在すると考えられるのである。

このような課題の解決を目指した修復的司法実践においては、犯罪被害者、加害者、双方の親族等支援者、その他の地域社会の関係者が一同に会して、定義の項（2—(1)）で述べたように、過去の犯罪被害の回復（restoration）、及び犯罪によって生じた結果に対する将来における方策について検討する。そして、可能な場合、合意に至って、それを文書化し、加害者はそれを誠実に履行することを求められる。

ここで、注意すべきことは、修復的司法手続（実践）において、犯罪被害者による「赦《ゆる》し」の表明は、その必須要素ではないということである。修復的司法手続に参加することによって、犯罪被害者は、加害者からの謝罪の受入、加害者に対する「赦《ゆる》し」の表明、被害弁償についての合意等を強制されるのではないかとの誤解が見られる。修復的司法が、犯罪当事者間の「関係修復」を強制するのではないかとの懸念も、この誤解の一種である。それがまた、修復的司法実践に対する一つの消極的反応の根拠ともなっているように思われる。しかし、ここでいう「関係修復」は、いわゆる「仲直り」を意味するものではない。修復的対話が実現した場合、当該犯行についての真実を直接加害者から聞くという過程を通じて、最低限、被害者にとって加害者がまったく理解しがたい存在（顔の見えない怪物と表現されることもある）ではなくなる場合があるという意味での関係修復である。

後記の修復的司法に関する国際連合準則の項（2—(5)）でも述べるように、現代における修復的司法手続（実践）においては、関係者の人権保障の手続的要請を満たしていることが最低条件である。そこでは、当事者間の力の不均衡を排除するとともに、関係者間における強制の要素が働かないよう監督メカニズムが作動することが求められている。本章冒頭の修復的司法の定義において、修復的司法の手続過程に重点を置く、中立的な立場を筆者が採用しているのも、修復的司法手続（実践）において特定の結果を追い求めることにより、ある種の強制的要素が発生する危険性を回避するためである。

修復的司法の考え方は、古代インド、アジアにもその例が見られるとの指摘があり、今なお、先住民司法として世界各地に見られるコミュニティ司法（community justice）においても、同様の要素が見られるとされている。しかし、このような伝統的な修復的司法は、関係者の人権保障の手続的要請や法の支配を満たしていない場合が見られるがゆえに、一九七〇年代以降再燃した、現代における修復的司法とは峻別されるべきものである[Braithwaite, 1998／2004]。

現代における修復的司法においては、①近代刑事司法制度において確立された市民的諸権利を尊重しつつ、その実践においては、②修復的司法手続への参加自体が関係者の完全な自由意思に基づくことが保障されていることを前提に、③被害者が加害者と会うことによる再被害化の予防などの周到な事前準備手続を経た上、④修復的な合意形成に至った場合には、その合意内容の公平性・妥当性について第三者による監督がなされ、かつ、その実現確保のための措置が採られていることが必要とされているのである。

(3) 刑事司法と修復的司法の関係

これまで述べてきたことから明らかなように、修復的司法の実践を考える際、現行の刑事司法制度との関係をどのように構成するかが問題となる。この点に関し、バン・ネスらは、現存する修復的司法プログラムを参考にしつつ、あり得る五種類のモデルを抽出した。それによると、修復的司法と刑事司法との関係は、①増強モデル（Augmentation Model）、②二元的モデル（Dual-Track Model）、③安全策モデル（Safety Net Model）、④混成モデル（Hybrid Model）、⑤統一モデル（Unitary Model）に分類される。①は、刑事司法制度を基本としつつ、それに代替する手続の選択肢として修復的司法手続を用意することによって、刑事司法制度の機能増強を図ろうとするモデル（次述の世界各国で採用されている修復的司法プログラムの多くが、位置づけと機能においてこのモデルに該当する）、②は、修復的司法と刑事司法とで、犯罪への対応手続の全段階において相互に独立性を維持しつつ、相互補完関係を認めようとするモデル（ドイツ、日本、タイ、パプアニューギニアなど）、③は、十分に構造化及び整備された修復的司法手続による事件処理を基本としつつ、修復的司法手続による事件処理が予定どおり機能しない場合の安全策（救済策）として、刑事司法手続に戻ることを認めようとするモデル（ニュージーランドの少年司法）、④は、刑事司法制度を前提としつつ、有罪の答弁（guilty plea）又は有罪の認定までは刑事司法手続で行い、量刑の段階以降を、修復的司法手続で対応しようとするモデル（イギリスの少年事件処理の選択肢の一つ、ベルギー）、⑤は、修復的司法手続のみによる事件処理を行おうとするモデル（現存しない）である［Van Ness & Strong, 2006］。

これらのモデルの長所及び短所、並びにその当否については、紙幅の関係で省略するが

（詳細は、染田［2002／2006］および［Van Ness & Strong, 2006］参照）、実務的に広く採用されているのは①または②のモデルであり、後記の修復的司法実践に関する国際連合準則において前提とされているモデルは、基本的に②の二元的モデルである。筆者も、二元的モデルは、修復的司法と刑事司法との間で、相互にチェック・アンド・バランスを行い、それぞれの手続の適正化および結果の公平・妥当性の確保を目指している点において［Van Ness & Strong, 2006］、基本的に適切な考え方であると考えている。ちなみに、コモン・ロー系*の刑の宣告猶予制度*が前提となっている制度の下では、③または④のモデルを採用した場合であっても、修復的司法手続の結果得られた合意が履行されない場合、刑事司法手続に戻るか、刑事司法手続に基づいて新たな制裁を科すことによってその実効性を担保するための工夫がなされているのが通常であるので、実務的には、二元的モデルとの著しい違いは生じない。ただ、二元的モデルの場合、(a)修復的司法による解決に失敗したり、修復的な合意に不満な場合、法体系（コモン・ロー系または大陸法系*）の違いを問わず、刑事司法手続に戻ることが保障されること（裁判を受ける権利の保障、修復的合意の不履行に対する救済など）、(b)拘禁刑を含む刑罰の執行段階、保護観察などの社会内処遇段階においても、当事者間で、刑事司法に基づく制裁とは別に、修復的司法の考え方に基づく合意を図る機会が得られることにおいて、当事者の多様なニーズに対応することが可能な柔軟なシステムの構築を可能にするモデルであると考えられる［染田、2002／2006］。

(4) 世界における修復的司法の活用状況

コモン・ロー（common law）

英米法の歴史的淵源の一つとの意味で用いる場合、中世以来、イギリスの国王裁判所（common-law court）が発展させてきた法分野をいう。イギリスの大法官府（Chancery）が発達させたエクイティ（equity：衡平）も、コモン・ローと並ぶ重要な英米法の歴史的淵源とされる。いずれも、先例（判例法）を尊重して裁判する。

本章では、より広く、大陸法（civil law）との対比において、これらの判例法だけでなく、制定法（statutory law）も含めた英米法の全体との意味で用いた。プロベーションは、英米法の刑の宣告猶予制度と結びついて発展した、犯罪者の社会内処遇制度の一つである。

刑の宣告猶予（suspension of sentence）

有罪の認定を受けた被告人に対する刑の宣告を、裁判所の裁量によって、一定の要件の下、猶予又は延期すること。要件（遵守事項）の内容は、一定期間、再度犯罪をしないこ

① 修復的司法導入の目的

多様な目的のために修復的司法実践は導入されているが、最も一般的な例の一つは、(a)犯罪被害者支援のための多様な施策の一環としてである（ベルギー、カナダ、オーストラリア、フランス、フィンランドほか）。また、後記のように、修復的司法手続（実践）は、その構造において、地域社会との関連が維持されていることが多い少年に、より適合的であるため、(b)少年司法領域での活用例も多い（ニュージーランド、オーストラリア、イギリス、カナダ、アメリカの一部の州、多くのラテン・アメリカ諸国、スペイン、タイほか）。そこでは、少年犯罪者に対する拘禁代替措置ないしダイヴァージョン・プログラム*の一種として用いられている。他方、マクロな刑事政策的観点から、(c)再犯防止効果の向上（オーストラリア、イギリス、カナダなど）、(d)刑務所の過剰収容対策（タイ、ニュージーランドほか）、(e)刑事司法のコスト削減（タイ、ニュージーランド、アルジェリアほか）、(f)マイノリティ対策、(g)刑事司法制度では対応が困難または不十分な分野への対応策としての導入例（大規模な民族紛争の解決や後記のタイにおけるドメスティック・バイオレンスへの適用など）もある。(f)については、先住民は、その人口に比べて、刑事司法制度の対象となる者の比率が先住民以外の者と比べて過剰であり(over representative)、その対応が急務であること、修復的司法は、先住民がなじんできたコミュニティ司法と重なり合う部分があるので、彼ら自身による問題解決の一つの方法となりうることに着目したものである（オーストラリア、ニュージーランド、カナダ、アメリカの一部の州

と、犯罪の原因となった問題（薬物依存など）を改善するためのプログラムに参加すること等であり、その期間内、通常はプロベーションに付される。

大陸法（civil law）
ローマ法を淵源とし、その影響を強く受けた、ヨーロッパ大陸において行われている法及びそれを継受した法をいう。コモン・ロー（英米法）との対比において、その法体系等の特徴を表す場合などに用いる。ちなみに、日本の刑法は、大陸法系のドイツ刑法に範をとって制定された。

ダイヴァージョン・プログラム（diversion program）
ダイヴァージョンとは、本来、「わきへそらすこと」であり、刑事司法制度との関連で用いる場合は、被疑者・被告人に対して、通常の刑事手続又は処遇方法の適用を行わないことを意味する。また、広く拘禁刑回避の手段として用いる場合、警察、検察、裁判という刑事司法の各段階

など)。ただし、伝統的なコミュニティ司法の再生のみを強調することは、これらの近代化以前(pre-modern)の司法が有する人権侵害の可能性、およびこのような伝統的手続から公正な修復的結果を得ることの困難性に対して適切に対処すべき必要性が軽視される危険性があるため、まずそれらの問題点に対して事前に十分な対応策を講ずる必要があることは、既述のとおりである。

② 修復的司法の導入形態

刑事司法手続の段階別に見た場合、警察、検察、裁判、矯正、仮釈放、保護観察(プロベーション*)のすべての段階において、修復的司法の要素を含んだ実践例が世界各地で見られる。

前記①のような多様な目的のために用いられている修復的司法実践の最も一般的な形態は、(a) 和解である。呼称はさまざまであるが、被害者・加害者和解プログラム、被害者・加害者調停などの形態がある。いずれの形態においても、任意で参加した、被害者と加害者(及び双方の支援者)が、被害者のニーズ(後記参照)の充足を中心に、加害者の更生も念頭に置きつつ、犯罪によって生じた損害の回復と将来に向かって採りうる方策について直接対話を行って、公正・妥当な結果を目指すことになる。

(b) ダイヴァージョンとして導入する場合、警察など刑事司法手続の早い段階から裁判における量刑段階に至るまで、刑事司法手続によって刑罰が科されることを可及的に回避するために、修復的司法手続が活用されている(後記のニュージーランドの例)。

においてダイヴァージョンが行われる。

ダイヴァージョンには、①通常の刑事手続を打ち切るに留まる場合(日本の起訴猶予など)と、②通常の刑事手続を打ち切ると同時に、一定のプログラムへの参加などを命じる場合とがある(アメリカで一九七〇年代に発達し、今日、欧米諸国等で広く見られる)。後者をダイヴァージョン・プログラムと総称し、プログラムを無事完了できない場合は、通常の刑事手続が再開されることが多い。

ダイヴァージョン・プログラムの目的は、通常の刑事処分よりも懲罰的でない柔軟な処分(前科が付されない)や多様な処遇の対象となる機会を提供することによって、犯罪者の更生と社会復帰を促進することにある。本章で述べた修復的司法実践も、ダイヴァージョン・プログラムの形態を採る場合、通常の刑事手続に代えて、修復的司法手続によって事件を処理することを通じて、犯罪者の更生及び社会復帰や被害者支援の実質的な充実に対応しようとするものである。

(c) 少年に対する特別の措置も実践例は多い。具体的には、(b)のダイヴァージョンの形態を採る例、イギリスのように、一定の要件を充足する少年に、裁判所が委託命令(Referral Order) を宣告する方式などが見られる。

(d) 仮釈放段階では、①仮釈放決定に先立ち、被害者と加害者が修復的司法手続において面会し、そこで得られた合意の内容が仮釈放可否の決定において考慮されるとするタイプ(ニュージーランドの二〇〇二年仮釈放法 (Parole Act of 2002))、②仮釈放審理に際して、修復的司法手続を用いるタイプ(カナダの方式は、受刑者が先住民である場合に適用される)、③仮釈放決定に際して、仮釈放後、どのような遵守事項を科すべきかについて検討するタイプ(オーストラリアのニュー・サウス・ウェールズ州矯正局)などが見られる(詳細は、染田 [2006] 参照)。

(e) 社会内処遇においては、保護観察官がファシリテーター(facilitator:調整・進行役)となって、被害者と少年及び若年成人の保護観察対象者による被害者・加害者ミーティング・プログラム(VOMP:victim offender meeting program) を行っている例が複数見られる(一例として、アメリカ合衆国ミネソタ州ダコタ・カウンティでは、専任の保護観察官を指名して、VOMPを一九九五年から実施している[染田ほか、2000])。

(5) 修復的司法に関する国際連合準則とその実践のための手引書

修復的司法に関する国際連合レベルでの取組を見ると、まず、二〇〇〇年の第一〇回国連犯罪防止・犯罪者処遇会議におけるウィーン宣言(第二七項、二八項)で、被害者施策

プロベーション (probation)

英米法でいうプロベーションとは、有罪の認定を受けた被告人に対して、裁判所が刑の宣告を猶予しつつ、一定期間、保護観察官の指導監督と援助の下、遵守事項を守って生活することを命じる犯罪者の社会内処遇制度の一つである。日本の場合、家庭裁判所調査官の少年に対する観察制度(少年法二五条)は、最終処分の宣告を猶予して、一定期間行状を見守る制度であり、ここでいうプロベーションと法的な構造は同じであるが、保護観察官が実施の担当者ではない点で英米法と異なっている。他方、日本の刑法上の保護観察付執行猶予制度(刑法二五条の二)は、確定した刑の執行を猶予した上、執行猶予期間中保護観察に付する社会内処遇制度であり、刑の宣告が猶予されていない点で、ここでいうプロベーションとは法的構造が異なる。日本で保護観察の対象となる者は、成人、少年を問わず、法律に基づいて裁判所の確定処分(保護処分又は有罪の確定判決)を受けた者であり、これらの者に対する社会内処遇制度を保護観察と呼んでいる。ま

の強化とあわせてその促進を図るとの趣旨から、初めて具体的な言及がなされた［UN, 2000］。

その後、ウィーン宣言の趣旨は、二〇〇二年の経済社会理事会において採択された、「刑事分野における修復的司法プログラムの活用に関する基本原則（Basic principles on the use of restorative justice programmes in criminal matters）」となって結実した（以下「国連基本原則」という［UN, ECOSOC, 2002］）。これは、修復的司法の重要性が国連レベルで認知され、その活用の適正化を図るための初の国際準則が制定されたことを意味する。続いて、第一一回国連犯罪防止・刑事司法会議の総括である「バンコク宣言（Bangkok Declaration on Synergies and Responses : Strategic Alliances in Crime Prevention and Criminal Justice）」においては、第三二項で、被害者の利益と犯罪者の改善更生を促進するために、修復的司法に関する政策、手続、プログラムを推進すべきことが明記された［UN, 2005］。

バンコク宣言第三二項

被害者の利益（the interest of victims）と犯罪者の改善更生（the rehabilitation of offenders）を促進するために、我々は、修復的司法政策、手続、訴追の代替措置を含むプログラムの更なる開発を行うこと、拘禁に伴って生じうる有害な結果を回避すること、刑事裁判所の事件負担量の削減を支援すること、そして、適切な場合、修復的司法アプローチ（restorative justice approaches）の刑事司法制度の中への組込み（incorporation）を促進することの重要性を認識する。

た、日本では、少年院又は刑事施設から仮釈放された者も社会内処遇である保護観察の対象となるが、英米法では、仮釈放（parole）又は早期釈放（early release）の対象者として、プロベーションとは概念上区別されている。このように、刑の宣告猶予制度を前提としない点、及び仮釈放者も対象としている点で、英米法でいうプロベーションと日本の保護観察は意味が異なっている。

この趣旨を生かすべく、二〇〇六年には、「修復的司法プログラムに関する手引書（Handbook on Restorative justice programmes）」［UNODC, 2006］が公刊され、国連基本原則を具体化するための体制が整備されつつある。

ここでは、実務家に実践的な見地からの情報を提供するという本書の趣旨に沿って、この手引書を参照しつつ、修復的司法実践に際して留意すべき点について述べる。

① 被害者の利益保護

・再被害者化（re-victimization）防止のための措置の整備

これは、加害者と再度会うことによる精神面（再度のトラウマ的体験を避ける）及び身体面での安全確保という、基本的な要請である。そのために、周到な準備と不適切なケースの除外などの制度整備、及び細心の注意が手続運営者に求められる。

・修復的合意の履行確保措置の整備

対話の結果を具体化するための措置は、その実効性を確保する上で不可欠の手段である。合意内容によっては、最終的に、法的な強制を可能とする形態を採用すべき場合もあると考えられる（損害賠償に関する強制執行を可能にするための債務名義の取得など）。

② 加害者の利益保護

・適正手続（due process）の保障、その他刑事手続において保障される諸権利の保障

近代刑事司法において確立された、被疑者・被告人に関する諸権利は、修復的司法手続においても十分尊重されることが必要であり、これが、現代における修復的司法と、近代以前の修復的司法とを区別する分水嶺となることは、既に詳述したとおりである［Van Ness, 2005］。

・修復的司法手続が、単なる恥付けや一方的非難の場とならないことの保障

これは、修復的司法手続が、再統合的な恥付け（reintegrative shaming）［Braithwaite, 1989］の機会ではなく、悪意のある烙印付け（stigmatization）の場とならないようにすることである。修復的司法手続は、不適切に運営すると、加害者の社会への再統合（social inclusion）ではなく、逆に社会的疎外（social exclusion）の手段となる危険性がある。この関係で、修復的司法手続に出席が許可される者は、慎重に選定されることが必要であり、かつ、修復的対話において知りえた情報については、厳格な守秘義務が関係者全員に課される必要がある。

③　全般

・修復的司法手続への参加の有無・修復的合意形成を含む手続過程全般における被害者・加害者の任意性の保障

刑事司法手続と異なり、任意性の保障（強制的要素の排除）は、修復的司法手続の基本である。

・被害者・加害者間の力の不均衡（power imbalances）の除去

これは、当事者間における対等な立場を保障すべき必要性である。特に、閉鎖的な地域社会で、修復的対話を行う場合、そこでの人間関係や力関係がそのまま修復的司法手続に持ち込まれる危険性がある。また、修復的司法手続に出席する者（本人以外の支援者など）の数、質も、被害者と加害者双方で均等となるよう、事前に調整が必要である。これを欠くと、いずれかの側が、実質的に手続の内容を支配できることとなり、強制的要素が持ち込まれて、修復的司法手続を行っている意味がなくなる危険性がある。

・地域社会の協力

被害者・加害者の地域社会への再統合、加害者の更生を図るためには、地域社会の構成員の協力が不可欠である。後記のイギリスの例のように、制度が整っていても、地域の協力が十分得られないため、修復的司法手続が十分機能していない例もある。冒頭で述べたように、修復的司法（手続）の主役は、被害者、加害者、地域社会であり、対人関係が希薄化しつつある現代社会（特に都市部）においては、必要に応じて、有機的な人間関係を前提とする地域社会の再生がはかられる必要がある。

3　修復的司法の実践

(1)　関係者のニーズ

修復的司法手続（実践）は、犯罪によって生じた結果について、関係者が対話を通じて妥当・適切な現在及び将来に向けての解決策を模索するための営みである。そこでは、犯罪被害者を筆頭に、犯罪によって影響を受けた者のニーズが、その手続（実践）過程に適切に反映されることが重要である。

①　犯罪被害者にとっての修復的司法の意味

犯罪被害者が有している加害者に対するニーズとしては、次のような内容があげられる［法務省法務総合研究所，2000／内閣府犯罪被害者等施策推進室，2007／UN, 2006］。(a)　財産的又は（及び）身体的損害の回復、(b)　自分が（又は遺族として）被害を受けた犯罪についての真実を加害者から直接聞くこと、(c)　加害者から真摯な謝罪を受けること、(d)　安全感の回復（同一加害者による再被害化の恐怖感から解放、加害者を問わず類似の被害を再度受ける不安感の低減）、(e)　自信（自尊心）の回復（犯罪被害者となったことによって傷つけられた自信ないし自尊心を取り戻して、本来の自分らしい生き方を取り戻したい）、(f)　正義が実現されたと感じることに基づく調和の回復、(g)　犯罪によって生じた害に対する「癒し」を得ること、(h)　犯罪被害者となることによって傷つけられた人間関係の回復（地域社会を含めて、自分に対する社会的支援の輪の再生や地域社会への自分自身の再統合を実現したい）。

これらと同時に、被害者は、①自分が犯罪によって受けた影響を加害者に対して表明すること、②加害者の適正な処分を求めること、という基本的なニーズを有している。修復的司法手続による場合、①は(b)とあわせて具体化される場合が多いこと、②については、修復的合意に到達した場合、その中に、損害の回復や将来の再被害者化予防など、複数の事項が盛り込まれるのが通例であることをふまえて、ここでは、独立の項目とはしない。また、加害者以外の者に対するニーズ（犯罪被害直後の直接的支援、カウンセリング、法廷等付き添いなど）も、ここでの主題ではないので、言及しない。

修復的司法手続によって、これらのニーズがどの程度充足されたと被害者が感じているかについては、これまで数多くの実態調査がなされてきた。ここでは、二つの整った調査研究から、参考となる分析結果を紹介する。第一は、調査手法の点で信頼性の高いランダム化比較試験（ＲＣＴ：randomized controlled trial）を用いた大規模研究として有名であるオーストラリアの「キャンベラ再統合恥付け実験（ＲＩＳＥ：Reintegrative Shaming Experiments）」である（以下「オーストラリア研究」という［Sherman & Strang et al., 1997／1998／2000］）。第二は、カナダのオタワ地域で実施された、重大犯罪を対象とする、量刑前の家族集団カンファレンスに関する成り行き調査としての「共同司法プロジェクト（ＣＪＰ：the Collaborative Justice Project）」である（以下「カナダ研究*」という。［Rugge, Bonta & Wallace-Capretta, 2005］）。

まず、オーストラリア研究では、四つの犯罪類型に該当する総数で約一、三〇〇件のケースに関し、①全年齢の飲酒運転者、②個人を被害者とする一八歳未満の財産犯少年、③店の警備員によって取り押さえられた一八歳未満の万引き少年、④三〇歳未満の暴力犯罪青少年について、修復的司法手続（家族集団カンファレンス）終了後の再犯率の検証、被害者・加害者の修復的司法手続に対する満足度などを、刑事司法手続に付された者との比較

*研究の詳細については、染田［2006］を参照。

において調査分析した。

この四つの犯罪類型のうち④の暴力犯罪青少年では、修復的司法手続によった者の再犯率が大幅に低下し、統計上も有意差が認められた（p≦.014）。そこで、④の暴力犯罪の被害者に対する前記ニーズの充足状況についての調査結果を見ると次のようである。(a) 何らかの被害弁償を受けたとする被害者が85.0％（刑事司法手続によった場合13.3％。以下、かっこ内は、刑事司法手続に関する数値）、(b) は調査項目外、(c) 真摯な謝罪を受けた被害者は81.8％（26.7％）、(d) 安全感を回復した被害者は78.6％、(e) 自信（自尊心）を回復した被害者は38.9％、(f) は調査項目外、(g) ある種の「癒し」を得た被害者は50.0％となっている。*


また、この研究における被害者の満足度等全般に関しては、財産犯罪被害者（②と③の類型）の77％は修復的司法手続で充実した時を過ごしたと回答したが、刑事司法手続では15％に留まった。他方、暴力犯罪被害者（④の類型）に対する同じ質問では、それぞれ75％、36％となっている［Sherman & Strang et al., 1998］。また、ほとんどの被害者が、修復的司法及びその手続の方が、刑事司法及びその手続よりも公正（fair）であると感じている。これらの結果をまとめると、犯罪被害者の満足度が大幅に高いのは、修復的司法手続による事件処理であることがわかる（これを反映して、手続への被害者出席率も、修復的司法手続の場合、財産犯罪被害者81％、暴力犯罪被害者91％となっているのに対して、刑事司法手続の場合、財産犯罪被害者で5％、暴力犯罪被害者で13％となっている）。

カナダ研究では、これまで、修復的司法手続（実践）の適用が難しいとされてきた重大

*最後の項目は、原文では、「家族集団カンファレンスに、自分の中にあるすべてのものを投入すること（によってある種の癒しを得ることが）ができた」となっている（かっこ内は筆者の補足）。

犯罪に対して量刑前の家族集団カンファレンスを実施し、量刑後または処遇プログラム終了後三年間の追跡調査を行った。そこでは、犯罪者、被害者双方について、家族集団カンファレンスの前後にわたって、刑事司法への信頼度、心境の変化、修復的司法手続への満足度等の変化等の広範な事項について詳細な調査をし、あわせて再犯率の比較を行った。実験群(処遇群)の罪名別構成比は、強盗(26.2%)、武器使用又は加重脅迫(20.0%)、財産犯(20.0%)、危険運転致死(16.9%)、脅迫(6.0%)、性的脅迫(3.1%)などとなっている(統制群についても、ほぼ同じ構成比となるようにサンプリングされている)。サンプル数は、実験群として四年間にわたって家族集団カンファレンスに付託された合計一七七名(犯罪者六五名と被害者一一二名)を、統制群(犯罪者四〇名、被害者七一名)と比較した。サンプルサイズの総計は、二八八名である。

前記の被害者ニーズに関して、家族集団カンファレンスに付託された犯罪被害者に対する調査結果を紹介すると、(a) 被害弁償に満足している被害者は86.3%、(b) 加害者から情報を得られたとする被害者は43.2%、(c) 真摯な謝罪を受けた被害者は84.9%、(d) 安全感を回復しなかった被害者は4.0%(刑事司法手続の場合18.3%)、(f) 正義が実現されたと感じた被害者(加害者は、責任をとった)は85.3%となっている*(記載した以外の項目である(e)、(g)、(h)は調査対象外)。また、被害者の修復的司法手続全般への満足度について見ると、自己の意見が手続に適切に反映された(修復的司法手続88%:刑事司法手続51.5%)、手続は公正(fair)である(85.1%:54.7%)など、刑事司法制度によって処理した場合に比べて、いずれの比較ポイントにおいても、修復的司法手続によった者の方が高い満足度を示した。

加害者の被害者に対するニーズとしては、(a) 謝罪したい、(b) 真実を語りたい、(c) 犯罪によって生じた害の回復をしたい、などが基本的なものであり、加害者自身のためのニーズとしては、(d) 更生したい（社会に再度受け入れられたい）などのニーズがあげられる。

この点について、前記のオーストラリア研究の中の暴力犯罪青少年に関する調査結果によると、犯罪によって生じた害の回復ができたとする加害者は、61.9％（刑事司法手続の場合18.2％）となっている。

また、カナダ研究では、(a) 謝罪したいとする者及び (b) 真実を語りたいとする者がそれぞれ24.4％、(c) 損害回復をしたいとする者及び (d) 更生したいとする者が、それぞれ19.5％となっている。そして、家族集団カンファレンスに参加した加害者の88.2％は、これらの多様なニーズが満たされたと回答している。

＊最後の項目に関しては、23.3％の被害者が、加害者に対して、より寛大な処分を望む旨を表明した。

② 加害者にとっての修復的司法の意味

また、カナダ研究で、加害者の修復的司法手続に対する満足度を見ると、次のような比較点において、刑事司法手続よりも高かった。①量刑決定に際して、判事は、犯した犯罪行為のみを考慮している（修復的司法手続17.5％：刑事司法手続50.0％）、②法廷の誰も自分の問題を理解してくれていない（2.5％：30.0％）、③量刑は、加害者（犯罪者）を処罰するためだけの手段である（37.5％：65.0％）、④裁判所の判断は常に公正である（15.6％：50.0％）。

また、修復的司法手続終了後の加害者に対する質問では、刑事司法手続の方が良いと答えたのは、わずか7.5％で、95％の加害者（犯罪者）が修復的司法手続は公正であるとしている［Rugge et al., 2005］。

③ 地域社会にとっての修復的司法の意味

地域住民のニーズとしては、(a) 犯罪によって地域社会に生じた害の回復を図りたい（地域の平穏の回復、再犯防止）、(b) 被害者と加害者の地域社会への再統合を図りたい（社会的一体性（social inclusion）の実現）などがあげられる。特に、前者については、オーストラリア研究、カナダ研究ともに、修復的司法手続による事件処理の方が、刑事司法手続による事件処理よりも関係者の満足度が高いことを示している。オーストラリア研究の暴力犯罪青少年に関する調査結果を見ると、83.3％の加害青少年が、修復的司法手続とそれに基づく合意の履行が、再犯防止に役立つと回答している。また、52.4％の加害青少年が、司法システムに対する尊敬の念が増し（刑事司法手続によった場合は22.7％）、85.7％の加害青少年が修復的司法手続において公正に扱われた（刑事司法手続によった場合は45.4％）としている［Sherman & Strang et al., 1998］。この司法制度への尊敬と自分が公正に扱われたとの感覚が、加害者による再犯抑止の動機付けとなりうることを示唆した研究例もあることをふまえると［Tyler, 1990］、地域社会の者が参加した修復的司法手続を経ることによって、これらのニーズが充足されうると考えられる。

(2) 諸外国における実践

オーストラリアでは、前記の調査研究以外にも多様な修復的司法の実践が行われている。ちなみに、カナダ研究で紹介したオタワの方式では、修復的合意の内容をふまえて、裁判官が量刑を行い、その過程で、必要に応じて、修復的合意の内容に裁判官が修正を加え、合意内容の公正性および適切性をチェックすることよって、関係者の権利保障を図っている*。

*2—(5)の国連基本原則を参照。

ここでは、①世界で初めて、一九八九年に、少年司法の分野で修復的司法手続を法制化し、一定の成果をあげているニュージーランド、②同国の方式をモデルに、一九九九年に少年司法の分野で修復的司法手続を法制化したものの実務的な課題に直面しているイギリス、③少年司法の分野で組織的に修復的司法手続を導入し、ドメスティック・バイオレンスの分野でも修復的司法手続の試行を行っているタイについて述べることにする。

① ニュージーランド

ニュージーランドでは、一九八九年児童・青年及びそれらの者の家族法（The Children, Young Persons and Their Families Act 1989）において、家族集団カンファレンス（FGC：family group conference）を、警察段階でのダイヴァージョンの一種として導入した。これは、修復的司法アプローチに基づく裁量権を警察に付与し、犯罪をした少年を少年裁判所（youth court）の正式の手続から外す（ダイヴァートする）と同時に、修復的合意に基づく義務を少年に履行させることによって、損害の回復、犯罪行為に対する責任の自覚、少年を取り巻く親、親族、地域の関係者等による支援の輪を再構築しようとするものである。

この国の制度の特徴は、家族集団カンファレンス前置主義を法律上採用していることである。同国の法制では、このカンファレンス不調の場合に限り、正式の刑事司法手続に移行することになっており、少年に対する柔軟で非公式の処分を可能とするとともに、導入当時問題となっていた裁判所の事件負担量の削減および少年矯正施設の過剰収容の緩和に寄与したとされている。また、家族集団カンファレンスのモデルは、同国の先住民であるマオリ族の伝統に根ざしたもので、マオリ族が関係した犯罪について、この方式による解決を図ることで、マイノリティ対策にもなっているとされている。

② イギリス

イギリスでは、少年司法の分野に、ニュージーランドの家族集団カンファレンス方式をモデルとした委託命令（referral order）を、一九九九年少年司法及び刑事証拠法（The Youth Justice and Criminal Evidence Act 1999）によって導入した（二〇〇二年から正式施行）。委託命令とは、少年裁判所（youth court）が、一〇歳～一七歳の犯罪をした青少年を、少年犯罪パネル（ＹＯＰ：Youth Offending Panel）へ委託し、被害者、加害少年（及びその両親）、地域社会の代表が、家族集団カンファレンスに参加した上、話し合いをすることを通じて具体的な処分を決定し、その合意事項を履行させることを内容とする制度である。少年犯罪パネルは、少年犯罪チーム（ＹＯＴ：Youth Offending Team）のメンバー及び当該少年が居住する地域の住民（ボランティア）二名以上から構成される組織で、前記関係者を集めて、修復的司法アプローチに基づく家族集団カンファレンスを行い、裁判所の決定では得られない柔軟な解決と関係者のニーズ充足を図ることを目指している。もし、家族集団カンファレンスの結果、合意に達することができなかった場合、事件は、裁判所に送り返され、そこで、裁判官により、改めて処分内容が検討されることになる。

最新の統計（二〇〇五会計年度*）によると、年間三一、七六一件の委託命令が発出され、うち、対人暴力犯罪に対して九、二七九件（29%）、窃盗・盗品等譲り受けに対して七、三〇三件（23%）、器物損壊に対して四、一八三件（13%）、交通犯罪に対して三、二六九件（10%）の命令が発出されているほか、重大な暴力犯罪である強盗に対しても一、四〇九件（4%）の命令が下されている。44%の委託命令は、期間が三か月であった（期間は、最長一二か月まで）。同年度においては、委託命令を受けた修復的対話の結果、象徴的賠償（symbolic reparation）として、約三、二〇〇件の無償労働が慈善団体に対して行われている。また、二〇〇四会計年度に委託命令を受けた者の一年以内の再犯率は45%である（内務省統計による）。

しかし、イギリスでは、この方式の母国ニュージーランドと異なり、全体として、修復的司法アプローチは、当初期待された程には活用されていない。例外は、学校でのいじめ事件で、この場合は、成果を挙げているとされている。筆者が、二〇〇七年五月に現地で実地調査したところによれば、成果が挙がりにくい理由として、次の理由が指摘されている。①委託命令を受けて家族集団カンファレンス（修復的対話）を行うための社会資源が

*イギリスの会計年度は、四月に始まり翌年の三月末に終わる。したがって、本文の統計データは、二〇〇五年四月から二〇〇六年三月までの委託命令発出件数及びその内訳を示したものである。

不足していること（制度運営には、地域住民の協力が不可欠であるが、ＹＯＰメンバーとなるボランティアが不足している）、②犯行後委託命令が発出されるまで、平均して一八か月を要しており、この時間の経過によって、当事者の事件に関する記憶が薄れてしまったり、結果として、家族集団カンファレンスに関心を示さない被害者も少なくないことなどである。*

修復的司法実践の場合、被害者、加害者、地域社会という三要素は不可欠の参加主体である。特に少年においては、地域社会との繋がりが維持されているのが普通なので、地域社会の協力の成否が修復的司法実践の成否を大きく左右する。修復的司法の実践を効果的にするためには、このような草の根レベルの協力体制の確立が重要であることを、イギリスの例は示しているように思われる。

③　タイ

タイは、アジアで唯一、国策として、修復的司法の実践を、その政策の中に多様な形態で採用している国である。同国の刑事司法制度は、英米型と大陸型の折衷であるが、日本の制度と類似性が見られる部分もある。タイでは、個々の処遇レベルではなく、大きな制度枠組みとして修復的司法の導入を組織的に図った場合の一つの好例と言える。

具体的な導入形態としては、(a)　通常の刑事裁判所（二〇〇一年から）や地域共同体における和解・調停手続の導入または推進、(b)　不起訴制度の活用と組み合わせた家族および地域共同体集団カンファレンス方式での少年司法分野における修復的司法の組織的・本

*本文掲記以外の制度的・政策的要因としては、③制度の試行開始（二〇〇〇年）から二〇〇六年までの間に委託命令の数が71％も増えたのに、対応できる職員の増員がなく家族集団カンファレンスを十分開催する余裕に乏しいこと、④少年司法においても福祉モデルから危機管理アプローチへの移行が顕著であり、再犯リスクの低い者を主たる対象とする委託命令には、導入当初ほどの期待が寄せられていないこと、⑤少年に対する警察段階での修復的司法アプローチに基づくダイヴァージョン・モデルとして有名なテームズ・バレー警察署方式は、二〇〇三年刑事司法法で立法化が見送られたことなどが指摘されている。

格的導入（二〇〇三年六月から）、(c) ドメスティック・バイオレンス（ＤＶ）事件にかかわる警察段階でのダイヴァージョンを用いた修復的紛争解決の試行プロジェクト開始（二〇〇五年一月から）、(d) プロベーション・サービスにおける修復的司法実務の導入（二〇〇四年六月から）、(e) 成人犯罪者に対する検察段階でのダイヴァージョン制度に関する法案提出（二〇〇四年一〇月）などが行われている。*

ここでは、少年司法分野およびドメスティック・バイオレンス分野での活用について述べる。

＊制度的背景、各制度の詳細、今後の展望などについては、染田[2006]を参照。

・少年司法分野での活用

タイの制度は、少年司法分野における修復的司法の実践を、検察官の不起訴権限の活用を促すことを通じて具体化する方式である（具体的には、青少年観察・保護センター所長の権限である、収容少年に関する検察官に対する不起訴の申立制度を用いる）。同国の場合も、もともとは、ニュージーランドの実践例に触発されたものではあるが、タイ社会においては、地域共同体とその構成員との強い結びつきが現在でも残っていることから、ニュージーランドの家族集団カンファレンスをそのまま導入するのではなく、タイの社会的・文化的状況に基づき修正を加えることが指向された。その結果、地域共同体の役割に、より重点を置いた、家族及び地域共同体集団カンファレンス（ＦＣＧＣ：Family and Community Group Conferencing）の形で、タイへの修復的司法実践の導入が図られることになった［Wanchai, 2005］。

同国では、二〇〇三年六月から、ＦＣＧＣを、法務省青少年観察・保護局傘下にある全国五二か所の青少年観察・保護センターにおいて組織的に導入した。FCGCに参加できる者は、ファシリテーター、被害者及び加害者とその家族・親族のみならず、一人または複数の地域共同体の代表者、少年及びFCGC手続にとって有益となりうるその他の者が含まれる。後者は例えば、臨床心理士、ソーシャル・ワーカー、青少年観察・保護センター所長、警察の捜査官、検察官などである。このように、多人数の者が関与する手続は、修復的司法実践の一形態であるカナダの量刑サークルに似ているとされている。

FCGCの参加要件は、①少年の犯した罪が、五年以下の拘禁刑を法定刑とする犯罪に当たること、②少年犯罪者は、自己の犯した罪を認め、かつ、犯罪によって生じた「害（harm）」を回復しようとする意思を有していること、③被害者が、事件をFCGCによって処理することに同意していること、④軽微な犯罪を除き、少年犯罪者は、初犯者であること、である。*

・ドメスティック・バイオレンス分野での活用

タイでは、ドメスティック・バイオレンス（DV）問題に対して、現行の刑事司法制度では十分対応できないとの認識の下、かねてよりタイ刑事法研究所と女性の権利擁護団体によって、修復的司法の観点をベースとしたDV加害者に対する条件付起訴猶予制度の導入が提案されていた。その理由は、DVの場合、刑事司法制度によって、加害者（多くの場合、夫）を処罰して拘禁措置に付することは、かえって被害者（多くの場合、妻子）の生活を不安定にするが、他方、十分な更生プログラムがなければ、問題の再発を招く危険性が高いとされているからである［染田、2006］。

*この方式による実績については、染田［2006］を参照。

その後、法務省保護局とタイ調査基金の広報活動などを経て、検事総長府と法務省保護局の間で、試行開始に向けた調整が続けられた結果、二〇〇五年一月三日から、法務省保護局、首都警察局およびバンコク市が協力して、修復的司法を用いたＤＶ対策試行プロジェクトが、バンコク市内の三〇か所の警察署において開始された。この試行プロジェクトは、法律的には、警察レベルにおけるＤＶ加害者処遇のためのダイヴァージョン・プログラムの一種と位置づけられ、マスコミでは、「夫更生クリニック」と呼ばれている［Kittipong, 2005］。

制度の概要は次のとおりである。まず、警察でＤＶケースを受理し、かつ、次の要件を満たす場合、通常の刑事司法手続に送致せずに、保護観察官に回付する。このプログラムの適用要件は、①被害者（多くは妻）が同意していること、②加害者（多くは夫）が悔悟の情を示しており、かつ、必要な場合、ＤＶ加害者処遇プログラムに参加することを希望していること、③事件の内容が、ダイヴァージョンに適切と考えられること（結果の重大性、傷害等の程度、暴力の継続期間など）である。保護観察官は、当該事件の概要及び事件を取り巻く環境を検討した上、自らファシリテーターとなり、関係者を集めて家族集団カンファレンスを主宰することができる。そこには、被害者、加害者、適切と考えられる場合は双方の親族や地域共同体で尊敬されている者が招かれ、加害者に対する適切な処遇方法、当事者間の個人的な問題の解決策などが検討される。この手続を通じて、保護観察官は、いわば交戦状態にある夫婦のために、調停的な解決策を模索する。その結果、通常、次のような遵守事項の一部または全部がＤＶ加害者に科されることになる。①適切な処遇プログラムに参加すること、②特定された期間、保護観察官に対して一定の事項を定期的に報告すること、③必要と考えられる被害弁償または社会奉仕をすること。保護観察官が、これらの遵守事項が守られていることを警察に報告すると、警察は、事件の捜査を打ち切る。他方、保護観察官から遵守不履行が報告されると、警察では、起訴に向けて通常の刑事司法制度に基づく事件処理を再開することになっている［Kittipong, 2004／2005］。

(3) 日本における実践

① 実績のある実践例――少年事件――

少年事件における修復的司法の実践を目的とし、千葉県内を原則的な活動地域として、二〇〇一年六月に創設されたＮＧＯである「被害者加害者対話の会運営センター」（以下、「対話の会」）が、実際のケースを受け入れて実績を挙げている例である。対話の会は、千葉県内の少年非行に直接関連する職歴を持つ者、家庭の主婦、少年非行とは直接の関連を有しない職業などについている者、合計約一三〇名が会員となって設立した。対話の会の活動は、これまで紹介してきた諸外国の例のような政府による組織的な対応ではなく、かつ、扱う事件は、家庭裁判所の審判の段階と直接の関連性を有しない。それでもなお、この対話の会の活動が貴重であると考えられるのは、本章で紹介してきたように、諸外国で広く実践されている家族集団カンファレンスを、正規のマニュアル（ミネソタ大学修復的司法及び調停センター*作成）に基づき、かつ重大な内容の事案も対象にしながら、日本に

＊ミネソタ大学修復的司法及び調停センター（the Center for Restorative Justice & Peacemaking, the University of Minnesota, USA）のウェッブサイト（http://rjp.umn.edu/）、修復的司法オンライン（Restorative Justice Online）のウェッブサイトを参照。
(http://www.restorativejustice.org/)

おいて、継続的に実施して実績を挙げている、ほぼ唯一の例と言えるからである。

具体的には、二〇〇一年六月から二〇〇七年五月までの受理件数は四三件（傷害致死六件、強盗致傷一件、傷害一八件、恐喝七件、窃盗五件、器物損壊三件、放火三件）であり、そのうち一四件（約三分の一）[*]において、実際に修復的対話が実現している［山田、2007］。申込者別では、被害者側からが一九件、加害者側からが二四件となっている。

対象ケースに罪種による限定はなく、刑事司法手続のどの段階にあるかも原則として問わないが、加害者が犯罪事実を認めていることが必要である。裁判所による処分確定後のケースも受け入れている。被害者・加害者双方が、任意に修復的対話への参加に同意していることを前提に、実際の対話場面においては、家族集団カンファレンスの利点を最大限に生かして、両当事者とその家族・親族が参加できることはもちろん、被害者の支援者（支援団体メンバー、知人・隣人など）や加害少年の支援者（教師、雇い主、友人など）、事件に関わった地域の人なども参加できることになっている。対話の場所は、両当事者にとって中立公平で安心できる場所で行われる。地理的・時間的にアクセスが可能であれば、対話の会では、千葉県内に一般の民家を用いた専用の「対話の家」も一か所用意している。実際の対話は、一回一時間程度を目安に、研修を受けた対話の会の市民ボランティア二人がファシリテーターとなって進め、可能な場合には、合意した内容を文書化して、以後の修復的活動の履行確保に役立てることになっている。

＊この約三分の一のケースにおいて対話が実現したという実績は、修復的対話には、前記のように慎重かつ丁寧な準備活動が必要であること、及び準備過程で対話になじまないケースが除外されていくことを念頭におけば、諸外国の実践例に照らしても決して低い数値ではない。

② 今後の実践の可能性のある分野

現在の法制を前提に、ここでは、いくつかの可能性を提示することとしたい。ただし、具体化に際しては、後記の修復的司法の課題で述べる事項の対応策もあわせて必要である[染田、2006]。

・少年

世界での実践例と同様[向井・大月、2005]、まず、犯行地と現在の生活圏が重なり合っている少年に対する修復的司法実践の制度化が考えられる。このような者の場合、双方の側の支援者が身近にいる場合が多く、地域社会からの支援も期待できる場合が少なくないことから、家族集団カンファレンス方式の修復的対話が実現可能である。その際、処分前段階と処分後段階(施設内または社会内処遇段階)での実施が考えられる。

処分前の修復的対話については、日本の少年手続の場合、その柔軟性は高く、少年審判手続における、家庭裁判所調査官の観察制度(少年法二五条。以下、「試験観察」という。)を活用して、その期間内に前記のカナダ型の修復的司法手続を進め、その結果を裁量的に裁判官が審判に反映させるという方式が考えられる。試験観察は、その期間中に、遵守事項の設定、条件を定めた保護者への少年の引渡し、適当な施設・団体・個人への少年の補導委託を認めており、その法的構造から見て、これまで述べてきた修復的司法手続が前提としている諸外国のプロベーションとほぼ同じ柔軟な手続構造の実現が可能である。

ちなみに、東京家庭裁判所では、二〇〇三年から「被害を考える教室」を開催して、試験観察期間における一種の修復的対話の機会を設けている(ただし、現段階では、被害者は当該事件の被害者ではなく、同種事件の被害者であり、対話自体も、必ずしも共犯関係にない複数の加害少年と一人の同種事件の被害者が、集団で対面する形式となっている)。この教室は、アメリカの被害影響パネル(VIP:victim impact panel)についての在外研究をふまえて、二〇〇三年に試行が開始され、望ましい結果が得られたことから、二〇〇四年より、東京家庭裁判所少年部の正式プロジェクトとして実施されている。教室は、現在のところ、初発型非行の一種であるバイク窃盗と店舗での万引きを犯した少年を主たる対象としている*。

処分後段階では、少年院内で修復的対話を開始するか、その準備を始める方式、仮退院に基づく保護観察中に、施設内で準備を開始した修復的対話を実現する方式、保護観察処分に付された者が修復的対話を開始する方式(保護観察期間が短い場合、準備に留まり、開始は終了後であることもありうる)などが考えられる*。

・成人

少年と異なり、犯行地と居住地が離れている場合が少なくないので、対話を実現しようとすると、被害者・加害者ともに、それぞれの支援者や地域社会の関係者を集めることが容易でない場合があると思われる。ただ、支援者については、ブレスウェートがいう「機能的地域社会*(functional community)」の構成員を含めて考えるのであれば[Braithwaite, 2001]、逆に、成人の方が少年よりも活動範囲が広いことから、これらの課題を克服できる可能性が残されていると考える。

起訴又は判決前の場合は、専門の担当官による裁判外の手続として修復的司法手続を認め、その過程が進行中、在宅事件であれば起訴を暫く猶予したり、起訴後は公判期日を暫

*詳細は、染田[2006]を参照。

*紙幅の関係で、詳細は拙著に譲る[染田、2006]。

機能的地域社会
ブレスウェートは、地域社会を、①地理的な意味での地域社会(通常の用語例)と②機能的な意味での地域社会(関心、利益、価値観などを共有している人間関係)との二つの意味で用いている。②の意味では、物理的な地域性を前提としないので、離れた場所に住んでいる者であっても、修復的司法手続における被害者・加害者への支援が可能となる点で、対人関係が希薄化している現代社会における修復的司法アプローチの活用に新たな可能性の道を開いていると考えられる。

定的に延期するという方式が考えられる。そして、修復的合意が成立した場合、検察官または裁判官が、裁量的に、その点を考慮に入れて、起訴猶予処分や執行猶予判決を行うことは、犯罪者のやる気の喚起を図るものであり、被害者への「償い」をより確実なものとすることにつながると考えられる。

刑の執行段階については、少年同様、刑務所収容中からの対話手続又はその準備開始、保護観察付執行猶予者についても、対話手続又はその準備開始が考えられる。特に、保護観察付執行猶予者は、保護観察期間が三年から五年の間の者が大多数を占めているので、十分な準備期間を確保しうると考えられる。他方、仮釈放者は、保護観察期間である仮釈放期間が六か月以下の者が多数を占めるため（69.7％、二〇〇五年統計）、期間内の対話実現よりは、終了後の対話に向けた準備を進める方が現実的であろう。

4 修復的司法の課題

(1) 全般的課題

実践に関する課題としては、現代における修復的司法の実践という位置づけを明確化して、本章で紹介した、国連基本原則を遵守しつつ、各国の社会の実情及び法制度に合わせた、より具体的な実施準則を策定することが、まず基本である。

それとあわせて、修復的司法手続（実践）は、犯罪被害を巡る被害者と加害者という非常に繊細・微妙な関係を扱うため、手続を主催する専門のファシリテーターの育成（研修の充実を含む）が重要である。

修復的合意については、その内容が公正・妥当であることを、第三者がチェックする体制の確立、及び加害者による確実な修復的合意の実現を監督する枠組みの整備が不可欠である。

(2) 日本における課題

(1)の全般的課題は、すべて日本についても当てはまるが、それに加えて、修復的司法手続（実践）の導入を制度として図る場合、ニュージーランドやイギリスのような法律レベルでの明文化が、基本的な枠組みを明確化する上で望ましいと考える。

また、人的体制としては、被害者支援専門官のような専門職を、一般の刑事司法関係職員とは別に置いて、微妙な要素を含む被害者問題への対処の一環として修復的司法手続を活用する場合のコーディネーターとしての役割を担わせる必要があると考える。このような被害者支援専門官が、修復的対話のファシリテーターを兼務することも考えられるが、加害者側の更生を目指す保護観察官や通常の保護司との役割分担を考えると、専門官は被害者専従、保護観察官や通常の保護司は加害者専従とし、いずれの側からも中立的な立場にある専門のファシリテーターが、双方からの情報等を前提に、修復的司法手続を進めていく体制が、前記3—(1)で述べた多様なニーズに応える上で、最も効果的ではないかと考える。

ちなみに、この関係では二〇〇七年六月に成立した更生保護法（平成一九年法律第八八号）の中で、被害者の意見等聴取制度やその心情等伝達制度など被害者等のための施策に関する部分が、同年一二月一日から施行された。それに伴い、保護観察等の加害者処遇を一切担当しない被害者関係専従の保護観察官として「被害者担当官」が、同じく専従の保護司として「被害者担当保護司」が、それぞれ全国の保護観察所の本庁に配置された。この制度は、修復的司法と直接の関連を有するものではないが、前期のような被害者の立場に配慮した施策の具体化であり、今後その具体的な活用の広がりが期待される。

さらに、日本の場合、少年司法または刑事司法の対象となっている期間内に修復的対話が実現できない場合、刑務所・少年院から保護観察所へ、刑務所・保護観察所から民間団体等へ、それまでの準備などが、円滑に引き継がれていく体制を整備することも極めて重要である。これは、前記3—(1)—①のような被害者ニーズの充足を念頭に置くと、拙速で修復的合意を急ぐことは、そのニーズに応えるものとはなりにくいこと、また、加害者にとっても、修復的合意形成の動機付けの点などで不本意な結果を招く可能性があるからである。

日本の場合、諸外国にない特色として、全国に五万人余の保護司が法務大臣から委嘱された更生保護ボランティア（非常勤の国家公務員）として活動していることである。ブレスウェートは、一人の犯罪・非行等少年を地域・学校で継続的に支援していくための修復的司法に基づく枠組みとして、「青少年育成サークル（Youth Development Circles）」という方式を提唱している*［Braithwaite, 2001］。ブレスウェートの提案は、かなり大規模、組

*ブレスウェートは、ここで、182ページ注記で紹介した、機能的地域社会の構成員による被害者・加害者に対する支援を提案している。

織的、かつ継続的な支援枠組みを内容としているが、日本の場合、被害者支援と保護観察処分少年のための修復的司法手続の実践、及びその後のアフターケアの枠組みとして、保護司を核とした地域の支援ネットワークの形成を図りうるのではないかと考える。これは、前記のように、イギリスにおける委託命令が、地域のボランティアの不足を一つの理由として十分機能していないといった事態を避けることを可能とする要素である。そして、今後の日本における修復的司法の導入のあり方を考える場合、この「保護司の地域性を生かす」というアプローチが一つの強みになると考えられる。

5　おわりに

本章においては、広範な可能性を有する修復的司法及びその実践に関して、被害者支援におけるその機能、及び世界的に実践例が多く、日本における制度化においても有望と考えられる犯罪・非行少年に対する修復的司法実践を中心に、実務上留意すべき点なども含めて述べた。本章の随所で指摘し、かつ、国連基本原則でも強調されているように、現代における修復的司法の実践は、関係者の人権を守り、適正手続の下、公正・妥当な結果を保障することが、その基本的要請とされるべきである。このような、新しい修復的司法の実践の下で、犯罪現象によって影響を受けた者が、刑事司法手続では、その構造上充足することが困難と考えられる多様なニーズの充足を図っていくことができる体制が、国内外を問わず構築されることを期待している。

（染田　惠）

引用・参考文献

Bonta, J., Jesseman, R., Rugge, T. & Cormier, R. 2006 Restorative justice and recidivism, Promises made, promises kep ? In Sullivan, D. & Tifft, L.(Eds.), *Handbook of Restorative Justice*. Routledge. 108–120p.

Braithwaite, J. 1989 *Crime, shame and reintegration*. Cambridge University Press.

Braithwaite, J. 1998 Restorative Justice. In Tonry, M.(Ed.), *The Handbook of Crime and Punishment*. Oxford University Press. 323–344 p.

Braithwaite,J. 1999 Restorative Justice：Assessing Optimistic and Pessimistic Accounts. In Tonry, M.(Ed.), *Crime and Justice*, A Review of Research. the University of Chicago Press. 1–127p.

Braithwaite, J. 2001 Youth Development Circles. *Oxford Review of Education*, 27（2）, 239–252p.

Braithwaite, J. 2004 The Evolution of Restorative Justice. *Resource Material Series*, 63. United Nations Asia and Far East Institute（UNAFEI）. 37–47p.

法務省法務総合研究所 2000 「犯罪被害の実態に関する調査」『法務総合研究所研究部報告7』

Kittipong Kittayarak 2004 *Restorative Justice：Thai Experience, Resource Material Series*, 63. United Nations Asia and Far East Institute（UNAFEI）. 78–86p.

Kittipong, Kittayarak 2005 *Restorative Justice in Thailand*（22 April 2005）, In the Workshop 2：Enhancing Criminal Justice Reform, including Restorative Justice, the Eleventh United Nations Congress on Crime Prevention and Criminal Justice, Bangkok, 18–25th April 2005.

Marshall, T. F. 1998 *Restorative Justice An Overview*, Centre for Restorative Justice & Mediation（Peace-

making）, School of Social Work, University of Minnesota.
向井紀子・大月晶代　2005　「修復的司法―少年司法との関係を中心に―」『レファレンス』第657号　国立国会図書館　68–90p.
内閣府犯罪被害者等施策推進室　2007　『犯罪被害者等に関する国民意識調査結果報告書』
Rugge, T., Bonta, J. & Wallace-Capretta, S.　2005　*Evaluation of the Collaborative Justice Project : A Restorative Justice Program for Serious Crime*. Public Safety and Emergency Preparedness Canada.
Sherman, L.W. & Braithwaite, J. et al.　1997　*Experiments in Restorative Policing, Reintegrative Shaming of Violence, Drink Driving and Property Crime : A Randomised Controlled Trial*. Australian National University, Institute of Advanced Studies, Research School of Social Sciences, Law Program, Reintegrative Shaming Experiments（RISE）.
Sherman, L.W. & Strang, H. et al.　1998　*Experiments in Restorative Policing : A Progress Report on the Canberra Reintegrative Shaming Experiments*（*RISE*）. Australian Federal Police and Australian National University.
Sherman, L.W. & Strang, H. et al.　2000　*Recidivism Patterns in the Canberra Reintegrative Shaming Experiments*（*RISE*）. Centre for Restorative Justice, Research School of Social Sciences, Institute of Advanced Studies, Australian National University.
染田　惠　2002　「修復的司法の基礎的概念の再検討及び修復的司法プログラムの実効性と実務的可能性」『犯罪の被害とその修復―西村春夫先生古稀祝賀―』敬文堂　275–290p.
染田　惠　2006　「犯罪者の社会内処遇の探求―処遇の多様化と修復的司法―」成文堂
染田　惠ほか　2000　「アメリカにおける犯罪被害者施策及びその運用実態」『諸外国における犯罪被害者施策に関する研究』法務総合研究所研究部報告9　法務省法務総合研究所　1–52p.
Tyler, T.R.　1990　*Why people obey the law : Procedural justice, legitimacy, and compliance*, New Haven.

Yale University Press.

United Nations　2000　*Vienna Declaration on Crime and Justice : Meeting the Challenges of the Twenty–first century*. Tenth United Nations Congress on the Prevention of Crime and the Treatment of Offenders, Vienna, 10–17 April 2000. A/CONF. 187/4/Rev.3.

United Nations　2002　*Basic principles on the use of restorative justice programmes in criminal matters*. ECOSOC resolution, 2002/12, E/2002/INF 2/Add.2.

United Nations　2005　*Bangkok Declaration on Synergies and Responses : Strategic Alliances in Crime Prevention and Criminal Justice*. General Assembly Resolution 60/177, 16 Dec. 2005.

United Nations　2006　*Handbook on Restorative justice programmes*. United Nations Office on Drugs and Crime, Criminal Justice Handbook Series, E.06.V.15.
（http : //www.unodc.org/pdf/criminal_justice/06-56290_Ebook.pdf）

本書は、一一四ページの解説書で、単に二〇〇二年の修復的司法プログラムの活用に関する国連基本原則の説明に留まらず、修復的司法の実践について、理論面から実践面に至る詳細な検討、多様な参考資料の紹介まで、充実した内容となっている。

Umbreit, M. S.　1999　*What is Restorative Justice?* Material delivered at 4th International Conference on Restorative Justice for Juveniles, October 1–4, 2000, Tuebingen, Germany.

Umbreit, M. S.　2000　*Research and Resources Review*. The Centre for Restorative Justice and Peacemaking, University of Minnesota, Table 1 "Victim Offender Mediation Empirical Studies", Table 2 "Family Group Conferencing Empirical Studies" compiled by Mark S. Umbreit and Robert B. Coates.

Van Ness, D.W.　1996　Restorative Justice and International Human Rights, In Galaway, B. & Hudson, J.（Eds.）, *Restorative Justice : International Perspectives*. Criminal Justice Press. 17–35p.

Van Ness, D.W. 1999　Legal Issues of Restorative Justice. In Bazemore, G. & Walgrave, L.（Eds.）, *Restora-*

tive Juvenile Justice : *Repairing the Harm of Youth Crime*. Criminal Justice Press. 263–284p.

Van Ness, D.W.　2005　*An Overview of Restorative Justice around the World*（22 April 2005）.In the Workshop 2 : Enhancing Criminal Justice Reform, including Restorative Justice, the Eleventh United Nations Congress on Crime Prevention and Criminal Justice, Bangkok, 18-25th April 2005.

Van Ness, D.W. & Strong, K. H.　2006　*Restoring justice : An introduction to Restorative Justice*. 3rd Edition, Anderson Publishing, LexisNexis.

Wanchai Roujanavong.　2005　*Restorative Justice : Family and Community Group Conferencing*（*FCGC*）*in Thailand*. The Eleventh United Nations Congress on Crime Prevention and Criminal Justice, Bangkok, 18-25th April 2005.

山田由紀子　2007　「被害者の視点から見た少年の社会復帰―ＮＰＯ法人『被害者加害者対話の会運営センター』の実践から―」『国連アジア極東犯罪防止研修所第136回国際研修特別講義資料』

（ＮＰＯ法人「被害者加害者対話の会運営センター」ウェッブサイト

（http : //www.taiwanokai.org/top.html）

第8章　性暴力被害の問題と支援

1　性暴力という問題

(1)　性暴力の特徴

さまざまな暴力や犯罪被害のなかでも、性暴力は見えにくく、語られにくいという特徴を持つ。たとえば、路上でいきなり他人に殴打されたというできごとは、それを聞いた誰もがそれは暴力であり傷害事件であると捉えるのに比べて、自分の部屋において配偶者や恋人から強引に性行為をさせられたと聞いても、それが暴力であり犯罪行為であると言い切ることにためらいを感じる人もいる。部屋に招いた時点で性行為に同意したのと同じではないかと考えたり、すでに性的な関係にある相手との性行為を嫌がるのはおかしいのではないかと思ったり、また、とりわけ異性愛（ヘテロセクシュアル）のカップルであれば、男性が少しぐらい強引な性行為をすることはよくあることではないかと感じたりする人もいるだろう。他者からの身体的暴行も親密な相手からの性的な強要も、どちらも被害者*にとっては心身の苦痛をともなう体験であるのに対し、前者は誰の目にもそれが被害として

＊　本稿では、性暴力を受けた人を被害者と表現するが、被害にあったからといって、一律に「被害者」と括られて称されることに違和感や不快感を覚える人もいる。被害を受けたことは一つの大きな経験であるが、その人のすべてではない。また、被害という過酷な経験を生き延びたことへの敬意や自らの誇りを示す言葉として、被害者を「サバイバー」と呼ぶ人もいる。ここでは被害者という言葉を用いるが、呼称や表現については当事者の思いを配慮することが大切である。

明確に映るが、後者では周囲はもとより本人にとっても、それが暴力であり被害を受けたと認識しにくいことがある。また、身体的な暴行を受けたという経験は、他者に共感的に受け止めてもらいやすいが、性的な暴行を受けた経験については、信じてもらえなかったり、好奇の目で見られたり、あるいは過度に動揺されてしまって話を聴いてもらえず、結果として被害者が周囲に語ることができないという状況に置かれやすい。

つまり、性暴力の〝見えにくさ〟とは、それが社会のなかで問題化されにくい現状を指し、〝語られにくさ〟とは、実態が潜在化しやすいということを意味する。性暴力にはさまざまな俗説や偏見がともないやすいが、そうした誤解を排して、問題の本質を正しく理解することが重要である。

(2) 性暴力の定義

性暴力とは、本人の意に反する性的な言動である。ここでいう性暴力とは、刑法における性犯罪行為の定義*とは異なり、被害者の同意なく、加害者の強制によってなされた性的な言動を指す。

刑法では、強姦*は被害者として女子のみが想定され、一三歳以上に対する強姦罪と強制わいせつ罪に関しては、「暴行または脅迫を用いた」行為に限定されている。しかし、これらは性暴力が行使される状況のうちの一部にすぎない。実際は、性暴力は男女とも被害にあうものであり、その際に身体的暴行がともなわない場合もある。生命をおびやかすようなあからさまな脅迫を用いずとも、加害者は巧妙に、被害者が逃げにくく断りにくい状

刑法においては、強姦は13歳未満の女子に対する姦淫、13歳以上の女子に対する暴行または脅迫を用いた姦淫と定義されている。姦淫とは通常男性性器の膣への挿入行為を指す。また、強制わいせつは13歳未満の男女に対するわいせつ行為、13歳以上の男女に対する暴行または脅迫を用いたわいせつ行為と定義されている（刑法一七七条前段）。

況をつくることができるからである。

強制された性行為といっても、その状況はさまざまである。身体の安全に対する脅し(「力ずく」)によって被害者を恐怖に陥れる場合から、被害者が積極的に性行為に同意してはいないものの、消極的選択として加害者の要求(「圧力」)に応じざるを得ない場合も含まれる。「殺すぞ」とナイフで脅されたり、身体的暴行によって動けない状態にさせられたりした場合は、加害者の強制行為は明確であろう。しかし、たとえば、婚姻関係において「相手の要求を断ったことで生活費を入れてもらえなかったら(相手が不機嫌になったら)困る」と考えて性行為に応じた場合は、表面的には両者の同意に基づいているかのようだが、行為を拒否したことで不利益を受けるかその場をやり過ごすかの選択しかないならば、事実上、それも強制と捉えることができる。

このように加害者の「力ずく」と「圧力」は一見異なるように見えるが、自身の感情や欲求ではなく相手の感情や欲求によってのみ性行為を行っているという点で共通している[藤岡、2006]。いずれの場合も、通常の性行為と強制された性行為(性暴力)の違いは、加害者の行為の「暴力性」がともなう点にあり、これは実際の行為の乱暴さではなく、被害者が感じる恐怖の強さを意味するものである[小西a、1996/宮地、2005]

また、性暴力は身体接触や性器への挿入行為だけではなく、本人が不快に感じるような性的な内容の言葉かけや性的な情報の呈示、一方的に性器を見せつける(露出)といった行為も含まれる。直接的な身体への侵害のみならず、間接的な方法であっても、被害者に不安や恐怖、嫌悪感をもたらす行為とは性暴力といえる。マクニールは、性器露出が被害

強姦の「姦」という字に端的に現われているように、こうした表現は女性が主体的に名づけたものではないことから、これらの犯罪を女性の側から再定義する試みの中で、「性暴力」という呼び名がうまれたともいわれている[角田、2001]。

者に死の恐怖を与えることもあり、ショックや嫌悪感、怒りや屈辱感を抱かせると述べている［McNeil, 1987］。露出行為は性暴力のなかでも暴力性が矮小化さやすく、加害者の行為は哀れで滑稽なものとみなされることが多い。しかし実際には、被害者に大きな精神的ダメージを与え、自信を失わせるばかりか、多くは女性である被害者の外出や行動を制限することにもつながり、生活面にも影響を及ぼす深刻な暴力である。

性暴力の分類として、家庭における虐待（とくに性器挿入をともなう虐待を近親姦《インセスト》という）、学校や会社におけるセクシュアル・ハラスメント、配偶者もしくはカップルにおけるドメスティック・バイオレンス（以下、DV。カップル間のDVはデートDVともいう）など、加害者と被害者の関係性によって表わされた定義が用いられることも多い。いずれも加害者と被害者の権力の違いに基づいてふるわれる暴力であり、被害者が声を上げにくい立場におかれていること、また本来は、愛情や信頼を基盤とする関係性のなかで起こるものであるために、暴力の存在が認識されにくいという点で共通している。

(3) 性暴力の実態

日本において性暴力はどれだけ起きているのか。警察庁による統計をもとにした犯罪白書では、二〇〇六年における犯罪の認知件数は強姦が一、九四八件、強制わいせつが八、三二六件である［法務総合研究所、2007］。しかしながら、すでに述べたように、刑法上の性犯罪の定義は行為の内容が限定されているうえ、ここに挙げられた認知件数とは、警察に届け出され犯罪被害として計上されたものに限られる。実際には、性暴力に対する社会的スティグマ（偏見）や二次被害への不安から、被害を受けても警察に届け出されないばかりか、誰にも打ち明けられないことも多い。このことから、これらの数字は実際に起きている性暴力被害のうちの氷山の一角を示すにすぎない。

性暴力被害の実態をより正確につかむための手がかりとして、一九九六年頃から民間団体や研究者による調査研究が積み重ねられてきた。これらの調査では、性暴力被害を法的定義よりも広くしており、性暴力の幅広い側面を捉えようとしていることが特徴である。**表1**は性暴力被害率を示すおもな調査の結果である。性別で比較すると、全体的に男性と比べて女性のほうが被害率が高い。女性の回答では、言葉による性的暴力はどの調査も約三割であり、性器露出と性器以外の身体接触は、だいたい三割から六割の被害率が示されている。無理やり性交されそうになったというレイプ未遂に当たる被害は、どの調査でも一割前後見られる。無理やり性行為されたというレイプ既遂は、1.8％～8.3％の値が示されているが、それでも前掲の犯罪白書の認知件数と比較すると、非常に多い被害者数に換算される。男性の性暴力被害については、十分に実態が把握されていない現状にある。それでも、かねてから「ないもの」とみなされてきた男性の被害者の存在が明らかになっている。

また、女性のレイプ被害は未遂・既遂ともに、多くの場合、知り合いや恋人など被害者にとって面識のある相手が加害者であることも明らかになっている［笹川ら、1998／野坂ら、2005］。親密とされる関係内での性暴力はデートレイプと呼ばれ、レイプの典型的なものである。

表1　日本における性暴力被害調査と被害率（%）

被害内容※2	女性対象						男性対象			
	（上段は研究代表者および発表年度）									
	小西 (1996 b)	笹川 (1998)	小西吉 (2000)	小西 (1999)	岩崎 (2003)	野坂※1 (2005)	小西 (1996 b)	小西吉 (2000)	岩崎 (2003)	野坂※1 (2005)
性的な言葉による嫌がらせ	34.5	31.4	29.3	38.6	24.9	33.0	13.3	4.8	7.0	20.7
裸や性器の露出	43.6	37.2	43.6	56.9	31.1	35.1	2.4	7.4	3.0	12.7
無理やりすりよられた	47.7	58.4					10.8			
無理やり体（性器以外）を触られた	64.0	48.6	36.0	69.9	54.8	37.2	9.6	3.3	9.0	13.6
抱きつかれた	20.8		14.0	28.8	8.5		2.4	4.4	4.0	
キスをされた	12.3		11.4	18.1	7.3		4.8	4.8	3.0	
性器を触られた			7.4	21.6	10.7			3.3	7.0	
無理やり性交されそうになった	12.0	9.0	8.1	14.4	7.9	13.2	0.0	1.1	0.0	2.7
無理やり性交された	1.8	6.9	3.2	8.3	3.4	5.3	0.0	0.4	0.0	1.5

※1：高校生を対象とした調査
※2：被害内容についての質問項目の文言は引用者により若干修正されている

(4) 性暴力とジェンダー

社会における性暴力に対する認識と調査研究から浮き彫りにされつつある性暴力の実態との間には、少なからぬギャップがあるといえるだろう。男女に限らず、身近に起こりうる、あるいはすでに起きている性暴力が、依然として不可視化されやすく、問題化されにくい背景には、社会のジェンダーが影響している。

ジェンダーとは、性や性差に関する文化・社会的な価値観や規範、イメージを含む概念である。広く社会構造というレベルからみれば、社会や家庭において、一般に男性は女性よりも高い地位にある。会社においては上司として、家庭では「主人」として、男性のほうが発言力や決定権を持ちやすい。他方、社会的立場が弱く経済力も低い女性にとっては、会社でも家庭でも暴力にさらされやすく、被害を訴えにくい立場にいることが多い。たとえ、社会的にみて男性と同等の立場にある女性であっても、女性は感情的であるというジェンダーに基づくステレオタイプがあると、被害の事実を訴え出ても、その発言の信憑性は低いものと判断されやすくなる。

より個人的な感覚や価値観のレベルでみれば、既存の男らしさや女らしさといった性役割期待によって、男性の暴力的な言動や強引な性行動は「自然である」とみなされやすく、男性による性加害行為についても、「年頃の男性は性欲を抑えられないものだ」とか「酒のうえでのことで悪意はない」と容認されやすい。一方で、被害を受けた女性は「隙があったのではないか」と責められることが少なくない。女性の身なりや行動が被害を招いたかのように言われることも多く、「派手な身なりで、自己主張をするから（生意気だから）被害にあったのだ」とも「地味な身なりで、自己主張をしないから（目をつけられやすいから）被害にあったのだ」とも言われてしまう。このように、女性がたとえどのような選択をしようとも、女性の側に何らかの落ち度があるものと指摘されることが多く、男性の言い分（「合意の上でのことだった」など）は正当化されやすい。

また、性暴力に関しては、性暴力の被害にあうのは若い女性だけであるというイメージが強いため、乳幼児や高齢の女性の被害や男性の被害は、「ありえないこと」と思われやすい。男性が性暴力を受けても、「相手が女性なら問題がない」と事態を軽視されたり、同性からの加害であった場合には同性愛（ホモセクシュアル）に対する偏見もともなって、話を受け止めてもらえないこともある。被害にあった男性自身も性被害経験を男らしさの喪失と捉えがちなため、被害事実が開示されず、サポートを求めることが少ない［岩崎、2004］。

このように、ジェンダーは性暴力に対する認識に大きく作用している。さらに、ジェンダーは人びとの性に対する態度にも影響を及ぼす。性に関することがらは口にすべきではないという価値観があると、被害者自身も被害内容を話すことにためらいを感じたり、周囲の人もそれを聴くことに抵抗感を抱きやすい。支援者や専門家であっても、性器以外の身体的部位の痛みや外傷の有無については具体的に尋ねることができるのに、性器の状態については確認しなかったり、そもそも生理学的な知識を持ち合わせていないこともある。

性暴力の支援においては、社会のジェンダー構造を理解するとともに、自分のジェンダー観に自覚的であること（ジェンダー・センシティブ）が求められる。ジェンダーの視点から性暴力の本質を捉えることは、支援の質を高めるためにも重要なことである。

2 性暴力被害の心身への影響

（1） 身体的外傷

性暴力による身体的外傷として、膣や肛門、口腔内に加害者の性器や指、異物などが挿入されたり、性器周辺を触られたりすることでの擦傷や裂傷が起こりうる。また、被害の際に、身体的な暴行をふるわれ、打撲や骨折などの身体的外傷を負うこともある。虐待やＤＶなど長期間にわたる暴力においては、加害者は意識的に他者の目に触れにくい部位に暴行を加えるため、身体的外傷が目立ちにくいこともある。

さらに、被害者が女性の場合には妊娠の可能性もあり、その後の人工妊娠中絶によって二次的な身体的・精神的リスクを負うこともある。また、男女ともクラミジアや性器ヘルペス、淋病などの性感染症やＨＩＶ／ＡＩＤＳ（エイズウィルス）に罹患することもある。口腔内への射精によって、咽喉部分に性感染症が罹患することもあるが、見過ごされやすい症状の一つである。

子どもが被害にあった場合、子ども自身がからだの異変に気づきにくかったり、症状をうまく説明できなかったりすることが多い。大人もまた、子どもの性器外傷や性感染症の罹患に気づかず、子どもがしきりに性器部分を触ろうとするのを性器いじりとみなして叱責したり、看過してしまいやすい。また、被害者が低年齢であったり高齢であったりすると、支援者の側が妊娠の可能性を考慮できずに、事態を深刻化させてしまうこともありうる。

身体的な外傷に対するアセスメントによって、外科や婦人科、泌尿器科などへの迅速なリファーを行うことは、二次的な傷害を防ぐことはもちろん、身体的外傷についての診断書を作成しておくことで、のちに加害者を告訴する際の重要な資料となりうる。

(2) 精神的外傷

性暴力は身体的な外傷のみならず、被害者に大きな精神的苦痛をもたらす。被害時に感じた強い恐怖感や無力感はその後も続き、被害以前に感じられていた安全感や他者に対する信頼感が一気に崩されてしまう。性暴力被害は、恐怖や戦慄をともなう経験であり、心的外傷（トラウマ）になりやすい。トラウマは基本的信頼感の喪失が基底にあるといわれているが［中井、2004］、性暴力被害もまさに他者を信頼し、相互に尊重しあうという人間関係の根幹を揺るがす体験となりうる。

性暴力を受けた被害者に起こりやすい心身の反応を、**表2**にまとめた。これらの心身の変化や不調は、被害を受けた後には当然の反応であるが、被害者は自分がおかしくなってしまったのではないかと不安に感じたり、自己コントロールが効かないことで自信を失ってしまうことが多い。

表2　被害者に生じやすい心身の反応

恐怖：再被害の恐怖、トラウマに関連する場所や物・人への恐怖、周囲に知られることの不安

回避：トラウマに関連する場所や物・人を避ける、トラウマに関連することができなくなる

否認：何もなかったとかたいしたことではなかったと思い込む、事実が信じられない

混乱：何が起きたのかよくわからない、考えがまとまらない、感情が乱れ不安定になる

感覚麻痺：感情や知覚（痛みや時間の感覚）が感じられない

解離：できごとの最中に意識が分離する、自分を客観的に眺めるような感覚をもつ

怒り：できごとや加害者、社会に対する許しがたい思い、身近な他者に対する怒り

自責感：被害にあったのは自分のせいであると責める気持ち、逃げられなかった自分への罪悪感

孤独感：誰も自分のことをわかってくれないという気持ち、周囲とは切り離されてしまった感覚

屈辱感・恥：性的な被害を受けたことの屈辱感、恥ずかしいという強い気持ち

不信感：世の中や他人が信用できない、他者を信じてもまた裏切られるのではないかという恐れ

未来展望の縮小：この先、自分は長く生きられないという思い込み、希望を持つことができない

逃避・依存：アルコールや薬物、セックスなどへの逃避や依存行動

無気力：生きる望みを失う、生きていても仕方がないと感じる、ひきこもった生活になる

人間関係の変化：人づきあいが減るかなくなる、他者を信用しなくなる、他者への過度な依存

攻撃性：他者への暴力、子どもへの虐待、（自分への攻撃としての）自傷行為

心因性の身体症状：頭痛、腹痛、めまい、吐き気、震え、胃腸不良、不眠、疲労感、抑うつ、無気力、拒食・過食、アレルギー症状の悪化、月経不順・月経痛など

また、男性（男子）の性暴力被害者は、一般に女性と比べて、感情表出が抑制されやすく、怒りを外部に向ける傾向がある。また、必要なケアを求めたり、被害を通報したりする人は少ない。セクシュアリティの揺らぎを経験し、それにより男性性の過度な誇張や誇示をしてみせることが多い。自殺念慮や自殺企図、アルコール乱用や性的機能の障害が生じることがあるといわれている［岩崎、2004］。

被害直後からの時間経過にともなう心身の反応をまとめると次のようになる［金、2006］。まず、被害直後から四八時間くらいまでの衝撃期においては、犯罪行為の脅威や恐怖に反応して、怒りや戦慄、強い無力感、コントロールを失った感覚、現実感覚の喪失や離人感、ぼうっとした感覚、抑うつ、ひきこもりなどが経験される。動悸や過呼吸、睡眠障害、食欲の低下などの生理的反応が引き起こされ、周囲への狭窄や思考の困難に陥り、事態に対処することが困難になる。このように被害直後は、思考や感情の麻痺と精神的混乱を示すことが特徴であり、急性ストレス障害（Acute Stress Disorder：ASD）やパニック障害と診断されることもある［APA, 2000］。フラッシュバックといわれる一時的な侵入的想起や過覚醒症状、回避症状、解離症状などのいわゆるトラウマ反応を呈する被害者が多いが、被害後一ヶ月くらいまでの急性期においては、むしろ自然な反応であり、時間の経過とともに症状は軽減していくことが多い。

しかし、被害から一ヶ月以上たっても上述の症状が持続し、社会生活に支障をきたすような場合は、外傷後ストレス障害（Posttraumatic Stress Disorder；以下、ＰＴＳＤ）やうつ病、パニック障害、その他の不安障害、アルコールや薬物依存、摂食障害などであることが多い。自殺念慮や自殺企図の割合も高くなる［金、2006］。ＰＴＳＤとは、被害後一ヶ月以上が経過しても、侵入（再体験）症状、麻痺・回避症状、過剰覚醒の症状が続く状態をいう［APA, 2000］。

こうしたＡＳＤやＰＴＳＤの諸症状は多くの性暴力被害者に見られるものであるが、診断基準に当てはまらないからといって問題が小さいとか、症状が軽いというものではない。それぞれに固有の精神的苦痛や生活上の困難さがあることを理解することが大切である。

(3) 生活上のさまざまな問題

被害者の身に生じるさまざまな反応や不調は、当然のことながら日常の社会生活に支障をきたす。たとえば、不眠はほとんどの被害者に起こる典型的な症状である。寝ようとしても過剰覚醒の症状によって寝つけず、眠ったあとも悪夢（侵入症状）によって頻繁に目覚めてしまう。さらに、ベッドに横になるということ自体がレイプの状況をフラッシュバックのトリガー（引き金）になりやすく、それを恐れてソファーでの仮眠を続ける人もいる。夜になっても明かりを消すことができずに、落ち着いて部屋で過ごせなくなってしまう人も多い。本来、もっとも安心できる場であるはずの自室が、被害によって一変してしまうのである。こうした状態が続くと、日中の就労や学業へ影響を及ぼすことはもちろん、疲労や抑うつ症状、身体不調など二次的な症状が引き起こされやすくなる。

また、加害者に会うことへの恐怖から外出ができなくなったり、屋外で被害にあった場合には、その現場を回避し、どうしても近づくことができなくなることも多い。抑うつ症状から、部屋にひきこもってしまうこともある。

　他方、被害直後からまるで何事もなかったかのようにふるまい、ふだんどおりの生活を送っているかのように見える被害者もいるが、実際には、それは感覚や感情の麻痺による反応であることが多い。やがて、強い疲労感や空虚感におそわれ、無気力な状態になってしまうことがある。

　時間の経過によって被害後に見られる急性期反応は軽減していくものの、集中力や記憶力の低下によって、仕事や家事をこなすことが難しくなったり、学業面に問題が生じやすくなる。また、他者に対する不信感や恐怖感を強く持ち、人間関係を持つこと自体を避けがちになる。とくに加害者と同じ性別の人に対する恐怖症（フォビア）や、性行為の回避も起こりやすい。

　こうした生活上のさまざまな問題は、被害者の心身の症状によってのみ引き起こされるわけではない。周囲の身近な他者からの心ない言葉かけや好奇の視線、安易な励ましや同情的な態度が、被害者にとって二次被害となる。マスメディアによる過剰な取材や事実と異なる報道、近隣の風評、そして支援者の不適切な対応も二次被害となり、それにより被害者はいっそう孤立感を高めてしまう。二次被害を避けるために、転職や転居を余儀なくされ、経済的な負担が増してしまうこともある。

　さらに、被害後の警察での事情聴取や裁判への申し立て、それらにともなうさまざまな手続きやそれにかかる時間なども、被害者の精神的・物理的な負担となる。

3　性暴力被害者への支援

(1)　話をよく聴く

被害者への支援においてもっとも重要なことは、話をよく聴くことに尽きるといえよう。多くの被害者は、自分が受けた被害やそれにまつわるさまざまな思いを十分に話すことができずにいる。性暴力被害の経験は、思い出すだけでも恐怖感や屈辱感、羞恥心などが湧きおこり、圧倒されるような思いをともなうものである。そのため、思い出したり、話したりすることを回避する人が大半である。また、フラッシュバックによって生々しい記憶が頭に浮かび、気分が悪くなってしまうために話せないことも多い。また、できごとの衝撃によって記憶が曖昧になり、うまく話すことができない場合もある。

また、被害者は自分の気持ちはとうてい他人にはわかってもらえないだろうという不安やあきらめを感じている。事実、被害後に誰かに話したとしても、じっくり聴いてもらえないばかりか、その場しのぎのなぐさめや安易な励ましの言葉をかけられたり、逆に、責められてしまった経験を持つ被害者は少なくない。聞き手にしてみれば、必ずしも悪意があるわけではなく、あまりにも過酷な内容に対して返す言葉がなく、その場しのぎの返答をするのが精一杯になってしまったといった場合もあろう。しかし、被害者にとっては、そうした相手の態度に深く傷ついてしまい、他者に話すことをあきらめてしまうことがある。

支援者は被害者の話しにくさを十分に理解し、語ることへの不安や心配を受け止め、できるだけ安心して話してもらえるように関わっていく。聞き手の誠実な態度や雰囲気も重要であるし、落ち着いて話ができる環境や時間の確保も必要である。支援者は、被害者のいかなる感情も受け止めて、理解するように努める。

もし、支援者の側から、何か情報を把握する必要性があるときは、なぜそれを話してもらう必要があるのか、それを聞くことで本人にとってどのように役立つのかをできるだけ説明するようにする。当然のことながら、支援者の興味や好奇心から話を聞き出すべきではない。

(2) アセスメント

支援者は、被害者の話を聴きながら、被害者の心身の状態や生活状況、認知の仕方などを理解していく。このように、被害者の状態について多面的に把握することをアセスメントという。被害者が混乱していて情緒不安定な状態であったり、解離によって記憶が曖昧であったりすることはよくあるが、きちんとしたアセスメントがなされていないと、被害者の言動を見て「わがまま」だとか「話に信憑性がない」などと誤解してしまいやすい。

アセスメントの際には、生活環境やサポートとなりうる資源（身近な人々や専門家、行政・医療・教育機関など）についても尋ねるとともに、被害に遭う前の心身の状態や過去のトラウマ体験の有無についても確認する。精神疾患や自殺の危険性、派生的に引き起こされた依存症などに早期に気づき、それらの予防や必要な医療への導入を行うためにもアセスメントは重要である。支援者は、被害者の心理・社会的な問題に広く対応することはもちろん、司法手続きについての基礎的知識や社会制度を利用するための諸手続きについて理解しておくほうがよい。

アセスメントの結果は、支援の方針や内容を決める際の資料となるだけではなく、被害者にフィードバックすることで、被害者が自分の状態を理解するのにも役立てられる。症状が自分のせいで起きているのではなく、被害によって生じたものであると理解することは、自己コントロール感を取り戻すのに有効である。また、症状に対する具体的な対処方法を考えていくこともできる。

(3) 心理教育

アセスメントにもとづき、被害者に対して、今、生じている心身の反応はトラウマを受けたあとには自然に起こりうるものであることを説明し、それらの反応に対する対処方法を検討していくことを心理教育（サイコエデュケーション）という。被害後にみまわれた心身の不調や変化について、不安や絶望感を感じている被害者は非常に多い。そのため、心理教育を行うことは被害者の心配を軽減し、被害者のエンパワメントにつながる。

また、心理教育は、被害者の同意を得た上で、被害者の家族や同僚・教師などに対して行うことも有効である。被害者の状態を説明することで、周囲の人にも安心してもらうことができ、被害者への適切な配慮やサポートをしてもらうことができる。被害者の身近な人もできごとを知ったことで混乱や不安を感じているものであり、被害者に対してもどのように接すればよいか戸惑っていることが多い。周囲の人が落ち着きを取り戻し、ふだん通りの生活を行えるようになることは、被害者の回復にも役立つ。

さらに、性暴力は、被害者に過度な自責感や罪悪感をもたらしやすい。そのため、支援者は被害者の感じている自責感や、認知の歪みを是正するための働きかけをすることも重要である。性暴力はどんな状況であれ加害者が悪いのであり、被害者がその責任を担う必要はない。こうした客観的な事実を伝える心理教育は、被害者の自責感を軽減させるのに有効であるが、支援者が一方的に教え込むものではなく、被害者の気持ちをよく聴き、受け止めたうえで、被害者とよく話しあっていくことに意味がある。

子どもの被害者に対しても同様に、子どもにわかる言葉で性暴力の特徴や被害後の心身の反応について話すとよい。性暴力被害を受けた男子向けの書籍［Satullo, 1987］では、加害者に「やめて」と言いにくい状況があること、性器を触られたときに快感を覚えたとしても嫌な経験であることに変わりはないこと、誰かに話したのに信じてもらえなかったり、加害者が好きな人であったりしても、それは性暴力（虐待）であることが説明されている。子どもの年齢や発達段階にあわせた心理教育を行うことが有効である。

(4) 子どもへの支援

子どもが暴力被害にあったとしても、子どもはそれを大人に打ち明けるとは限らない。むしろ、身近な人からの性暴力被害は、誰にも話せずにいることのほうが多い。そのため、被害の発見が重要となる。子どもの体調や行動の変化を見逃さず、子どもが安心して話せる関係をつくることが大切である。

被害を受けた子どもには、できごとへの戸惑いや混乱、不安や恐怖による、何らかの行動の変化がみられる。夜尿や爪噛みなどの退行現象や、ストレスによる心身症としての腹痛や頭痛、下痢などは、一般的な反応である。また、はしゃいだり、良い子にふるまおうとしたりすることにある。これらは不安の裏返しであったり、身近な大人に心配をかけまいと無理をしているためであるが、大人から見て元気であると誤解されやすい反応である。落ち着きがなくなり、攻撃的・反抗的になったり、無気力になったりすることもよく見られる。子どもは加害者に口止めされていたり、そのため、身近な大人は、こうした子どもの行動の変化を叱るのではなく、「何かあったのではないか」と話しかけ、「力になりたい」ということを伝える必要がある。報復を恐れていたり、自分の身に起きたことをうまく言語化できないため、自ら話すことは非常に難しい。

子供から被害を打ち明けられた大人は、まず、子どもが話してくれたことをほめ、被害にあったことで自分を責める必要はないと伝える。子どもに無理に話させようとするのではなく、子どものペースで話せるようにする。しかし、子どもが被害を知って大人が過剰に動揺し、話を信じなかったり、「子どもは嫌なことはすぐに忘れてしまうだろう」という間違った思い込みを持っていたりすると、子どもは再び心を閉ざしてしまうだろう。

支援のなかでは、話を聴くだけではなく、遊びや身体活動、描画や工作などの活動を通して気持ちを表現していくことも回復に役に立つ。発達段階や被害体験の内容を考慮しながら、その子どもにとって表現しやすい方法を用いるとよい。子どもと関わる時間を増やすことで、子どもの安心感を高めることができる。子どもの求めに応じて手を握ったり、背中をなでることも効果的だが、性暴力被害を受けた子どもへの一方的なスキンシップは、フラッシュバックを起こしやすいので慎重にすべきである。子どもの身体に触れるときはもちろん、子どもへの検査や治療的介入などを行う際には、つねに子どもの了解を得て、様子を見ながら接することが大切である。

また、子どもに対する支援においては、本人だけではなく、身近な大人や家庭全体へのサポートをしていくことが重要である。子どもの生活環境が安定したものになるよう働きかけていくことで、長期的に子どもの発達を支えていくことができるからである。

(5) 性暴力被害への支援の難しさ

他の暴力や犯罪被害と異なり、性暴力の場合、被害者が自分の身に起きたことを暴力とは認識していないことがある。とりわけ知り合いや親密な他者からの暴力は、加害者が「お前が至らないからだ」と被害者に責任を転嫁したり、周囲も「目くじらを立てるほどのことではない」と事態を矮小化することが多いため、被害者も自分が悪いと感じていたり、自分さえ我慢すればよいと考えてしまいやすい。そのため、性暴力の被害者が自ら支援を求めてくることは少なく、支援を受ける機会を持ちにくい実情がある。また、医療機関や相談窓口に訪れたとしても、性暴力の被害については触れないまま、症状のみを主訴として支援機関に通い続けていることもある。そのため、支援者は性暴力の特徴について説明したり、被害の話をしてもよいのだと力づけることも必要であろう。

長年にわたる被害体験がある場合は、被害者は強い無力感を持ち、自分の能力に自信を失っていることがある。また、被害に関する記憶が曖昧で、しばしば語られる内容も異なったりする。支援者にとっては、被害者の回復への動機が低いように感じられたり、話を理解するのが難しいと感じてしまうことがあるが、こうした行動傾向も被害後の特徴であることを理解しておく必要がある。

また、被害者は他者に対する信頼感が低下しているため、支援者に対しても長い間、心を開けなかったり、支援者を試すような行動をとることがある。支援者よりも身近な加害者を頼ろうとすることもあり、支援者にとっては残念な思いや腹立たしさを感じることもある。しかし、被害者が初めて関わる支援者を信頼するのに時間を要するのは当然であるし、被害者が自分の経験について打ち明けるべきか、決めかねる気持ちがあるのも自然なことであろう。支援者は安心して話ができる環境づくりと関係づくりに努めていく。

性暴力被害の支援では、支援者が自分の感情に巻き込まれやすいことにも留意すべきである。性暴力の話を聴き、被害者の生々しい感情に触れると、被害者をなんとか救済しようと抱え込んでしまったり、逆に、支援者が防衛的になってしまうこともある。回復への道のりは時間を要するため、支援者は焦らずに、被害者が現在できていることを尊重し、小さな変化に目を向けることが大切である。支援者がトラウマの話を何度も具体的に聴くことで、二次的外傷性ストレスに晒され、被害者と同じようなトラウマ症状を呈することもある［Stamm, 1999］。支援においては、スーパーバイズや同僚からの指導やサポート、支援者のセルフケアが大切となる。

(6) 包括的支援に向けた課題

性暴力被害者が抱える困難さは、心身の不調やPTSDなどの精神疾患だけではなく、広く生活上の問題に及ぶものである。そのため、被害者への支援においては、医療的支援、心理的支援、社会的支援、法的支援など、他領域にわたる包括的なケア・サービスを提供することが求められている。

医療的支援としては、診察や薬物療法の提供だけではなく、被害者が受診・通院しやすい環境の整備や性暴力への対応を専門とするスタッフの育成、法医学的な手続きやトラウマに対する治療ガイドラインの確立などが挙げられる。子どもや思春期の被害者の治療を専門とする児童精神科医も不足しており、専門家の育成も今後の課題である。

心理的支援においては、臨床心理士や精神科医によるカウンセリングや、トラウマに焦点をあてた心理療法が提供される機会が増えてきているが、被害者への心理的支援は専門家によるものだけに限らない。ボランティアによるサポートや当事者による自助グループへの参加も、被害者の心理的な回復を支える役割を担う。とくに、自助グループでは、同じような体験や思いを共有することができ、対等な関係性のなかでエンパワメントされる可能性を持つ。また、身近な人による支援は被害者の日常において大きな比重を占めるものであることから、被害者本人だけではなく、被害者のパートナーや家族、教員などへの支援や心理教育を通じて、被害者の心理的な支援につなげていくことが大切である。

社会的支援は、生活支援や地域や学校における支援など、被害者の社会生活上の困難さに対して具体的なサポートを提供することである。買い物の手伝いや育児・介護の援助などは被害者のニーズとして高い一方で、それらに応じる支援組織や人員が不足している現状がある。また、経済的な補償も、生活支援という面からだけではなく、被害者の尊厳の回復にとって意味がある。

法的支援としては、被害者の権利を守るための法的整備や、被害者が安全に裁判制度に参加できるようにするための手続きの充実、支援者の付添いやアドボケイト（権利擁護）の活動が挙げられる。

支援においては、まずは生命や環境の安全、日常生活の維持が優先されるべきであり、回復のゴールは被害者それぞれによって異なる。回復の主体は被害者である。支援者は十分な情報提供をし、被害者の同意を得ながら支援にあたっていくことが大切である。

（野坂祐子）

引用文献

American Psychiatric Association 2000 *DSM–IV TR*.（大野 裕ほか訳 2002『ＤＳＭ-Ⅳ-ＴＲ 精神疾患の診断・統計マニュアル』医学書院）

藤岡淳子 2006「性暴力の理解と治療教育」誠信書房 32p.

法務総合研究所　2007「犯罪白書（平成18年版）」国立印刷局
岩崎直子　2003「性被害者の心理と支援に関する研究」『大阪大学人間科学研究』5号　301–309p.
岩崎直子　2004「男性の性被害とジェンダー」宮地尚子編『トラウマとジェンダー　臨床からの声』金剛出版　64–80p.
金吉晴　2006「心的トラウマの理解とケア」第2版　じほう
小西聖子　1996a「犯罪被害者の心の傷」白水社
小西聖子　1996b「日本の大学生における性被害の調査」『日本＝性研究会議会報』第8巻第2号　28–47p.
小西聖子　1999「少年の性暴力被害の実態とその影響に関する研究報告書」性暴力被害少年対策研究会　財団法人社会安全研究財団女性研究事業
小西吉呂・名嘉幸一・和氣則江・石津宏　2000「大学生の性被害に関する調査報告―警察への通報および求められる援助の分析を中心に―」『こころの健康』第15巻第2号　62–71p.
McNeil. S.　1987　Flashing Its effect on women. In : Jalna Hanmer and Mary Maynard（eds.）*Women, Violence and Social Control*. Macmillan. 159–186p.（堤かなめ編　2001「露出行為―女性への影響」『ジェンダーと暴力―イギリスにおける社会学的研究』明石書店）
宮地尚子　2005「トラウマの医療人類学」みすず書房
中井久夫　2004「震災後10年目の覚書」『臨床心理学』第4巻第6号　金剛出版　763–768p.
野坂祐子・吉田博美・笹川真紀子・内海千種・角谷詩織　2005「高校生の性暴力被害と精神健康との関係」『トラウマティックストレス』第3巻第1号　67–75p.
笹川真紀子・小西聖子・安藤久美子・佐藤志穂子・高橋美和・石井トク・佐藤親次　1998「日本の成人女性における性的被害調査」『犯罪学雑誌』第64巻6号　202–212p.
Stamm, B.H.　1999　*Secondary Traumatic Stress : Self-Care Issues for Clinicians, Researchers, and Edu-*

cators. 2nd ed. Sidran Press, Inc.（小西聖子・金田ユリ子監訳　2003「二次的外傷性ストレス―臨床家、研究者、教育者のためのセルフケアの問題」誠信書房）
角田由紀子　2001「性差別と暴力」有斐閣　180p.
Satullo, Jane A.W., Russell, Roberta., & Bradway. Pat A.,　1987　*it happens to BOYS too*… Rape Crisis Center of Berkshire Country, Inc./ Elizabeth Freeman Center Inc. 20–21pp.（三輪妙子訳　2004『男の子を性被害から守る本』築地書店）

第9章　トラウマ臨床に活用できるストレスマネジメント技法

1　ストレスマネジメントとは

ストレスマネジメントとは、自らのストレスを適切に管理することである。冨永・小澤［2005 b］は、ラザラスとフォルクマン［Lazarus & Folkman, 1984］の心理社会的ストレスモデルと成瀬［2000］の体験治療論を組み合わせたストレス体験モデルを提案した（**図1**）。それは、ストレッサー（ストレス反応を生じさせる出来事）、ストレス反応（心身の反応）、ストレス対処（出来事やストレス反応への対処）、認知評価（受けとめ方）、身構え（体験様式）が主要な概念である。例えば、試験や試合といった出来事（ストレッサー）が近づいた際、身体を緊張させて（身構え）、イライラしたり身体の具合が悪くなったりすると（ストレス反応）、ストレス反応を低減させるためにさまざまな工夫（ストレス対処）をする。

ラザルスとフォルクマンは、ストレス対処に、問題焦点型対処と情動焦点型対処があると考えた。問題焦点型対処とは、ストレス反応を生じさせている出来事に直接対処する方法である。例えば、試験や試合といった出来事であれば、「練習する・勉強する」といっ

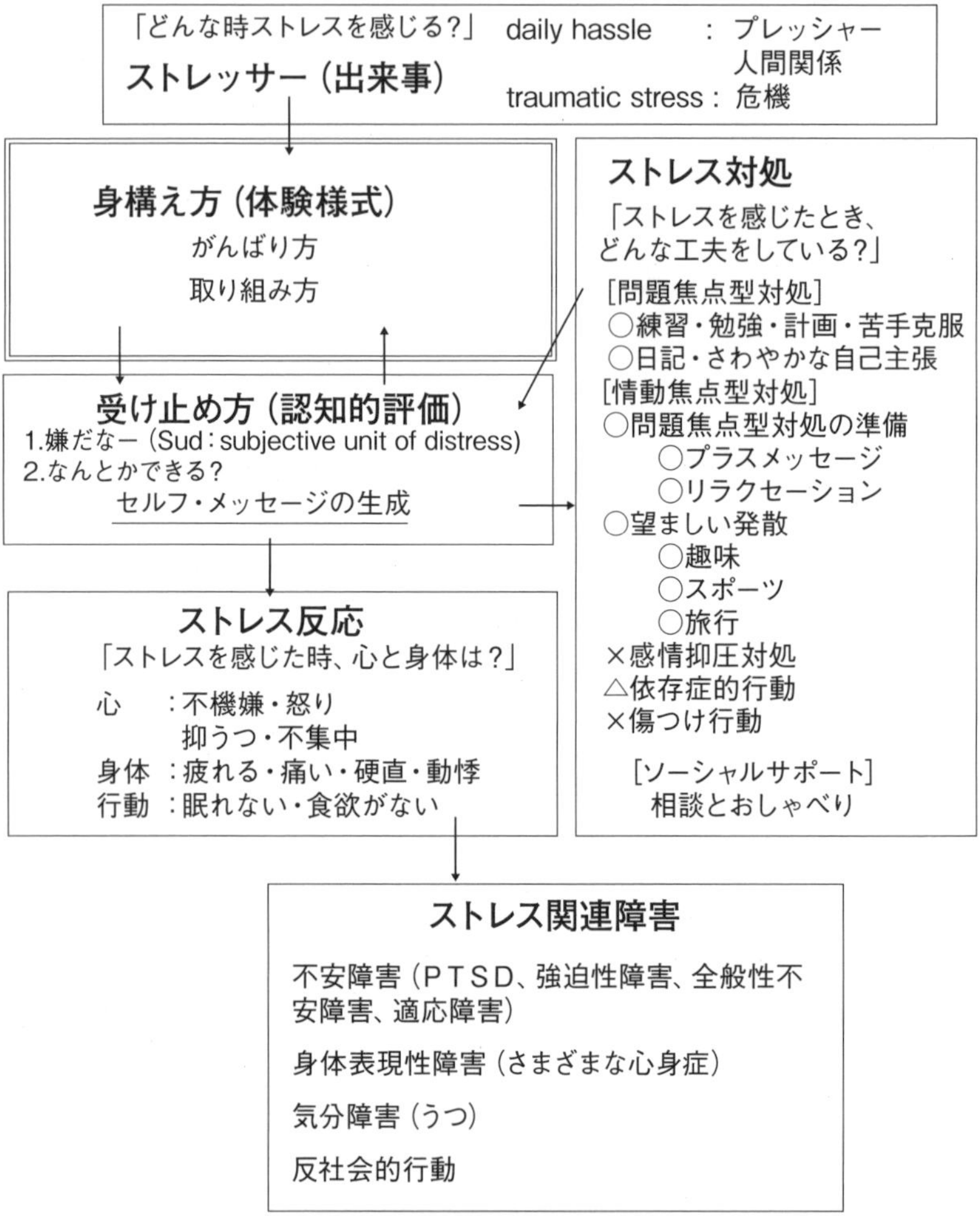
「どんな時ストレスを感じる？」
ストレッサー（出来事）
daily hassle　：プレッシャー
人間関係
traumatic stress：危機
身構え方（体験様式）
がんばり方
取り組み方
受け止め方（認知的評価）
1.嫌だなー（Sud：subjective unit of distress）
2.なんとかできる？
セルフ・メッセージの生成
ストレス反応
「ストレスを感じた時、心と身体は？」
心　：不機嫌・怒り
抑うつ・不集中
身体　：疲れる・痛い・硬直・動悸
行動　：眠れない・食欲がない
ストレス対処
「ストレスを感じたとき、
どんな工夫をしている？」
[問題焦点型対処]
○練習・勉強・計画・苦手克服
○日記・さわやかな自己主張
[情動焦点型対処]
○問題焦点型対処の準備
○プラスメッセージ
○リラクセーション
○望ましい発散
○趣味
○スポーツ
○旅行
×感情抑圧対処
△依存症的行動
×傷つけ行動
[ソーシャルサポート]
相談とおしゃべり
ストレス関連障害
不安障害（ＰＴＳＤ、強迫性障害、全般性不安障害、適応障害）
身体表現性障害（さまざまな心身症）
気分障害（うつ）
反社会的行動

図１　ストレス体験モデル

た対処が、問題焦点型対処にあたる。一方、気晴らしや深呼吸などは、情動焦点型対処である。情動焦点型対処が、一般的には、「ストレス解消法」といわれているが、本質的に、ストレス反応を軽減させる対処は、問題焦点型対処である。試験不安に、深呼吸や気晴らしのみで対処しても、一時的なストレス反応の軽減にすぎない。しかし、問題焦点型対処のみで、試験に臨んで、緊張しすぎて実力がだせなかったといったこともあり、適切な情動焦点型対処も必要である。

筆者は、情動焦点型対処を、問題焦点型対処の準備としての対処、問題から離れてエネルギー充電のための望ましい発散、依存症的な対処、人を傷つける対処、の四つに分けた。さらに、問題焦点型対処の準備としての対処としては、「プラスメッセージ」と「リラックス（落ち着く）」があるとした。

そこで、依存症的対処や傷つけ対処ではなく、望ましい発散やプラスメッセージやリラクセーションを積極的に活用することが、ストレスをよりよく自己管理する方法であると考えた。

そして、竹中［1998］や山中・冨永［2000］は、望ましいストレス対処を身につけ、日常生活をよりよく過ごすために、四段階のストレスマネジメント教育のプログラムを提案した。第一段階は「ストレスとは何かを知る」、第二段階は「自分のストレスを調べる」、第三段階は「望ましいストレス対処法を身につける」、第四段階は「望ましいストレス対処法を活用する」である。

そのため、呼吸法が望ましい対処だからといって、いきなり、ユーザーに呼吸法を提案してはいけない。なんのために、どのような効果が期待されるのか、自分のストレス反応やストレス対処法について調べた後に、望ましい対処法を提案するのである。

このストレスマネジメント教育は、子どもから高齢者まで、また、一次予防、二次予防としても活用されるようになった［山中・冨永、2000／冨永・山中、1999］。

2　トラウマ臨床でのストレスマネジメント技法

(1)　トラウマ臨床におけるストレスマネジメント技法の位置づけ

ラザルスとフォルクマンは、主に、日常のストレス（daily stress）を中心に、心理・社会的ストレスモデルを提案した。一方、ストレッサーには、命を脅かすストレスであるトラウマティック・ストレスがある。

ストレスマネジメント教育の四段階は、トラウマ臨床にそのまま適用できる。第一段階はトラウマの心理教育である。いつもと異なる出来事に遭遇すると、心身の変化が生じるが、効果的な対処の仕方があることを伝える。第二段階は、トラウマ・ストレスアンケートを用いて、自分のストレスやトラウマを知る。第三段階は、さまざまな心理療法からヒントを得て、集団で活用でき、安全な技法として工夫されたものを提案する。例えば、催眠療法からはアファメーションが、行動療法や催眠療法からはリラクセーションが、動作療法からはペア・リラクセーション［山中・冨永、2000］が、また来談者中心療法からは傾聴のワークがストレスマネジメント技法として提案できる。

ヴェルミイリヤ［Vermilyea, 2000］は、トラウマからの回復とは、回避・解離といったトラウマ反応をリラクセーションやイメージや芸術表現など望ましい対処に置きかえることであるとしている。

ストレスマネジメント教育は、すべての人を対象とし、予防的な取組に重点が置かれる。そのため、ストレス障害になっている者を早期に発見し、医療機関・専門機関に繋ぐ役割も果たす（**図2**）。

災害や事件・事故といった出来事には、その時の戦慄恐怖体験、大切な人を亡くす喪失体験、その出来事に引き続く生活ストレス（災害後の仮設住宅での生活など）の三つがある。そして、その後に引き起こるストレス反応とストレス障害に対して「心のケア」「トラウマケア」「トラウマ治療」の三つのアプローチがある（**図3**）。冨永・小澤［2005 a］は、心のケアを「他者が被災者の心をケアするというよりも、被災者が、傷ついた自分の心を主体的にケアできるように、他者がサポートすることであり、自らの回復力・自己治癒能力を最大限に引き出す『セルフケア』への支援」と定義した。身近な人による適切な関わりは、このセルフケアを促進する。身近な人による買い物や食事の世話・きょうだいの送迎などの生活支援は、それ自体が、被害者のセルフケアを促進する。また、亡くなった人の想い出を綴った友だちや教師からの文集は、遺族を勇気づける。遺族は「自分たちが知らないうちに、わが子（ないし伴侶）がこんなにも愛されていたのか、社会に貢献してきたのか」と読むたびに涙が流れ、涙の後に少し元気が湧いてくると語る。

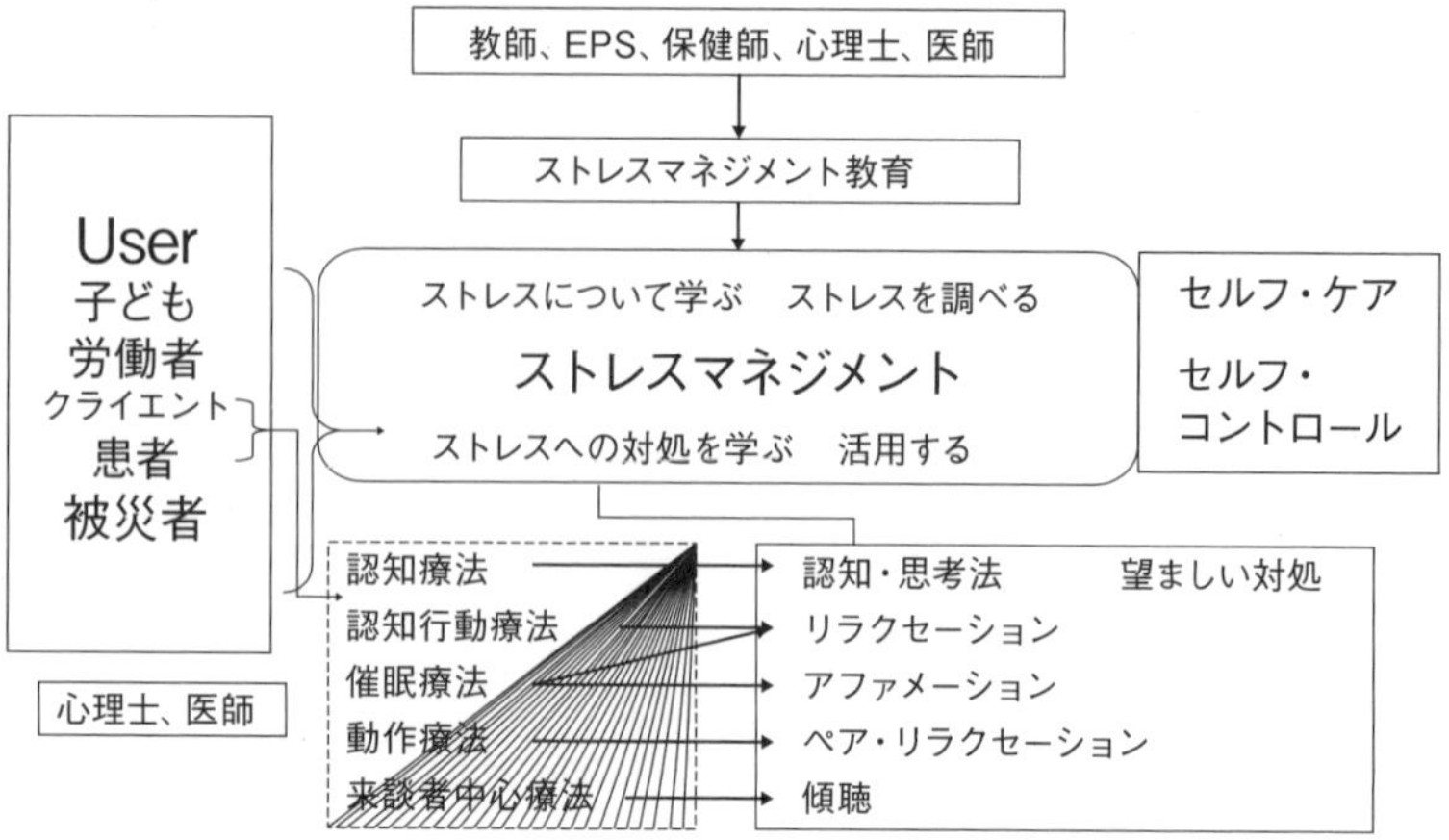

図２　トラウマ臨床でのストレスマネジメント［冨永・高橋、2005］

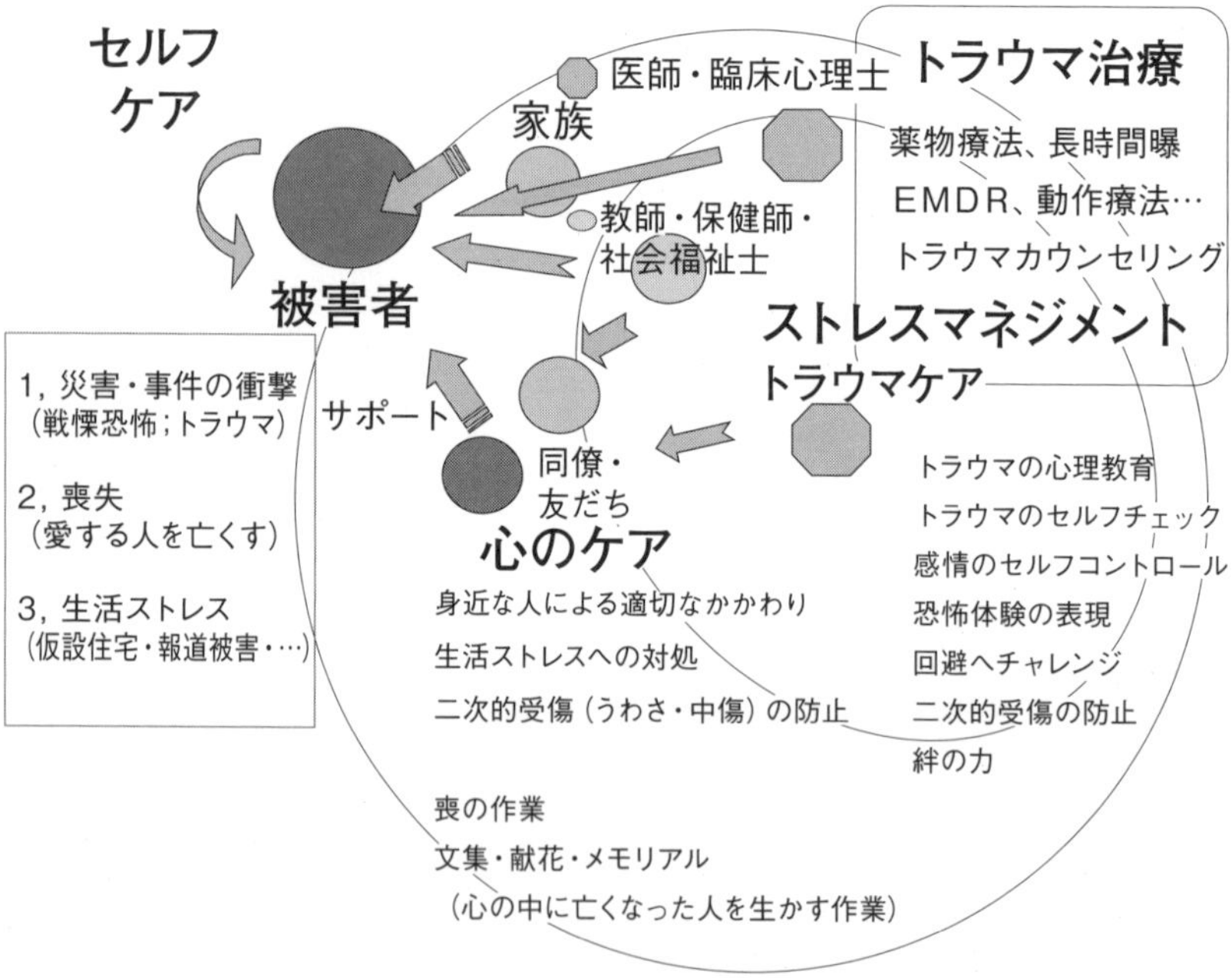

図３　心のケア・トラウマケア・トラウマ治療とストレスマネジメント［冨永、2006 b］

しかし、出来事が悲惨であったり、語りがたいような性犯罪の場合、身近な人もいっしょに傷つき、どのように関わったらよいかがわからなくなることがある。そして、PTSDやうつなどのストレス障害に移行してしまう。このように、出来事後のストレス反応がストレス障害へと移行することを阻止する活動が「トラウマケア」であり、ストレスマネジメントの理論と技法をトラウマケアの中心に据えている［冨永、2006 b］。

なお、日常生活に非常に障害を来している状態には、専門家によるマンツーマンのトラウマ治療が求められる。トラウマ治療は、医師ないし医師と共同で臨床心理士が、長時間曝露療法やEMDRやトラウマカウンセリングやポストトラウマティックプレイセラピーなどを行う。

(2) 対人援助職者のストレスマネジメントとしての集団イメージ動作法

① 対人援助職者のためのセルフケアとストレスマネジメント講座プログラム

筆者は、ある公的機関の対人援助職者のセルフケアとストレスマネジメント講座を三年間担当してきた。一回のワークショップは、二日間であり、筆者は一日目を担当し、二日目は他の講師による二次受傷の講義と演習が組まれている。一日目は、午前一〇時四〇分から昼食休憩をはさみ午後四時まで行われる。参加者は、約二〇名~四〇名である。職種は、児童養護施設職員、保健所職員、女性保護施設職員、保健師、精神保健福祉士、児童指導員、臨床心理士と多岐に渡っている。

対人援助職者は、利用者からの暴言や暴力、ないし利用者のトラウマ体験を聞くことによる二次的受傷、そして上司や同僚からの叱責・否定などの言動にさらされている。そのため、精神健康が他職種に比して、著しく損なわれていると言われている。本講座は、心のケアに関する専門機関が開設しており、本講座への申込者は多く、最近は、年に二回の開催となっている。

ワークショップ一日目の構成を**表1**に示した。講義を少なくして、参加者が自らのストレスと向き合い、望ましいストレス対処を体験でき、また、他の参加者との交流ができるように構成した。また、集団で、トラウマないし不快な記憶と向き合うため、ワークショップ終了後に、不快感が強く残るといった副作用が生じないように、トラウマに向き合うセッションを最後にしないようにした。

・「対人援助職者のストレスとは」では、ストレス反応尺度とストレス対処尺度を実施してもらった後に、ストレスの仕組みについて、四名のグループになってもらい、ストレッサー、ストレス反応、ストレス対処を語りあってもらった。

・「日常のストレスに対する望ましいストレス対処の体験ワーク1」では、「眠りのための漸進性弛緩法」、「イメージ呼吸法」、「落ち着くための動作法」、「ペアリラクセーション」を実施する。

表1　対人援助職者のためのセルフケアとストレスマネジメント講座プログラム

①対人援助職者のストレスとは（10 : 40–12 : 00）

②日常のストレスに対する望ましいストレス対処の体験ワーク 1（13 : 00–14 : 00）

③トラウマの心理教育（14 : 10–14 : 40）

④集団イメージ動作法（14 : 40–15 : 10）

⑤日常のストレスに対する望ましいストレス対処の体験ワーク 2（15 : 20–16 : 00)）

・「トラウマの心理教育」では、トラウマとなる出来事（地震、台風、事故など）があった時には、過覚醒・再体験・回避マヒといった反応が生じるが、いずれも対処する方法があることを伝える。

そして、日常のストレスと同様、それらの反応に対しても対処できることを強調し、「落ち着くこと」と「話しを聴いてもらう」ことが大切であると伝える（**図4**）。

「つらい記憶は、封印することで一時的に対処できるかもしれませんが、長期的にはそれはよくない対処であるといわれています。知らずに、アルコールが増えたり、そのことを契機に、生活の幅を狭めていたりするのです。一時的にはつらいですが、その記憶に向き合う方がいいのです」と伝える。

すなわち、依存症的対処や回避反応に気づき、その出来事の記憶に向き合い、今度、同じような出来事があったら、どのように対処するかについてのイメージを浮かべることを提案する。

集団イメージ動作法については、項を改めて述べる。

・「日常のストレスに対する望ましいストレス対処の体験ワーク2」では、アサーショントレーニング［平木、1993］のロールプレイを提案する。友だちと待ち合わせをしていて、四〇分遅刻して友だちがやってきたとき、どう言葉をかけるかといったロールプレイである。遅れてきた人、非主張的な言い方をする人、攻撃的な言い方をする人、アサーティブな言い方をする人の四名一組で行う（**図5**）。

自分の気持ちも主張するし、相手の立場も考えるアサーティブな言い方の中で、怒りが処理されていく。

② 集団イメージ動作法［冨永・渡辺・住本、2005］

いきなり、過去の不快なことを取り上げずに、まず、ワークシートの手順を説明する。ワークシートを二枚用意し、研究に協力してもらえる人は、もう一枚に転記して提出をお願いする。

「過去の対人援助において、心のなかで、わだかまっていること、心に、なにかひっかかっていることをひとつ取りあげます。もし、いま、なにか大変な援助の渦中にいるとか、心身のコンディションがよくない方は、過去の記憶をとりあげない方がいいでしょう。なにもしないで、ぼーっとしているといいでしょう。」

・不快な出来事をひとつ取り上げる。

「つらかったことをひとつ取り上げてください。そのことを思い浮かべたとき、からだの感じはどうですか？　どのようなつぶやきが浮かんでいますか？　そのことを思い浮かべたとき、最高に苦痛が100、全く苦痛でないが0とすれば、いまどれくらいですか？」

・回避行動を考える

「そのことをきっかけに、避けるようになった行動はありますか？」

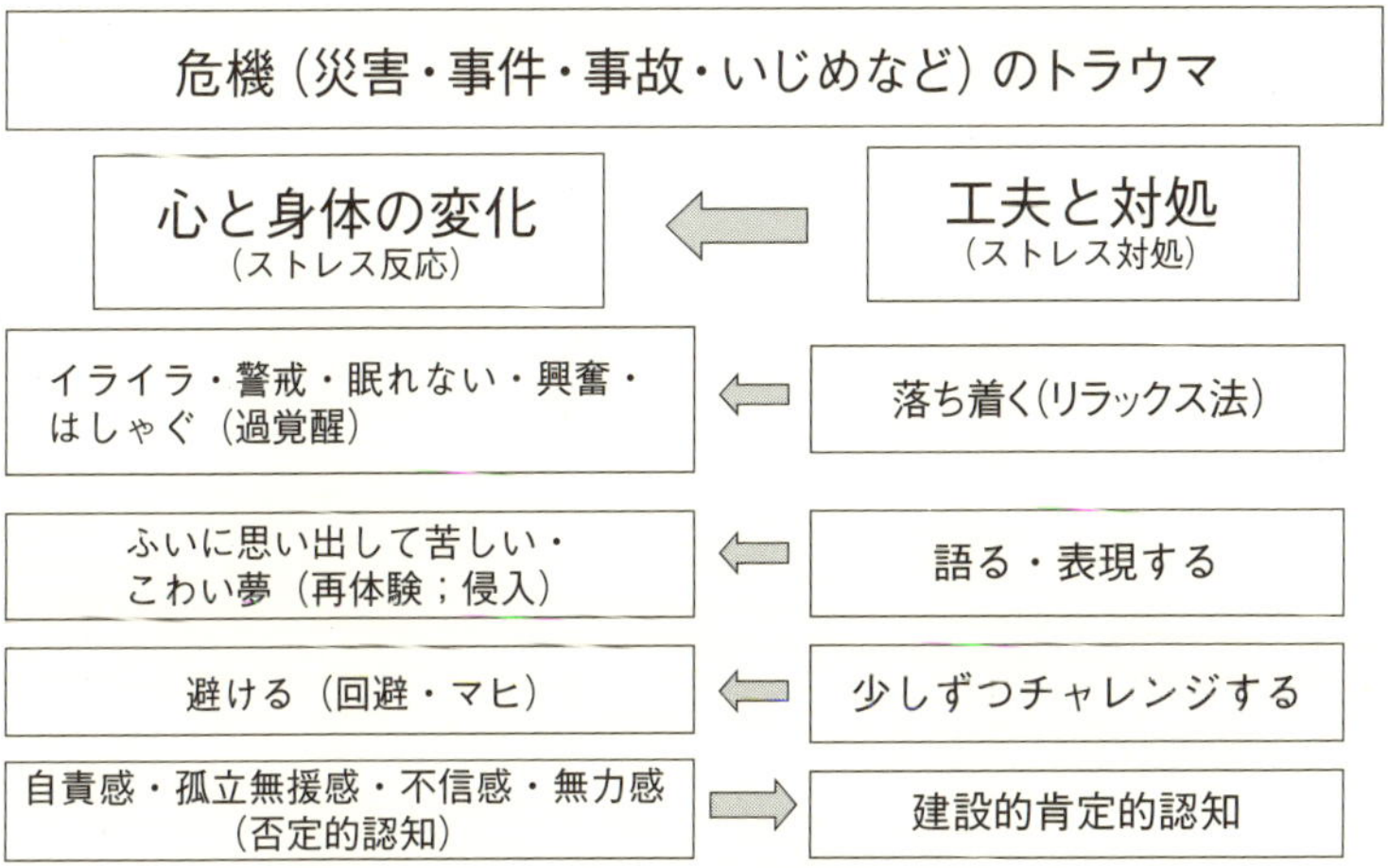

図 4　トラウマの心理教育

A さんが「遅れて来た人」を演じ、B さんが非主張、C さんが攻撃、D さんがアサーティブを演じる。つぎに、B さんが遅れてきた人、C さんが非主張、D さんがアサーティブとすべての役割を全員が演じる。

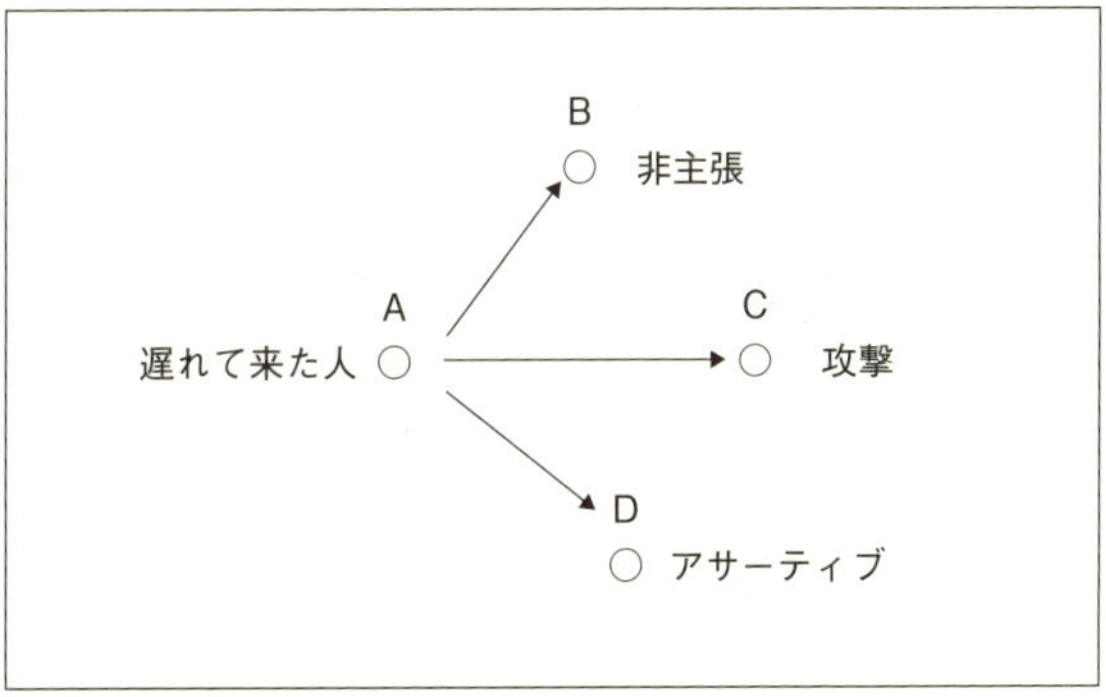

非主張的言い方　　　：「40 分ぐらい平気、いいよ」（本当は、怒っている）

攻撃的言い方　　　　：「どれだけ待たすんや！もう絶交や！」

アサーティブな言い方：「ほんと待たされたわ！もう帰ろう思ってたところやったわ。携帯で連絡してくれるとか。」＜ごめん携帯充電きれたし＞「そうか！ところで、どうしたの？」＜昨日遅くまで仕事がたまってて、寝たの 2 時やったんや…＞

図 5　アサーショントレーニングのロールプレイ

あること（①上司同僚の言動、②利用者の暴言暴力、③利用者のトラウマ開示、④その他）

1．あること（　　　　）を考えたとき、どれくらい苦しいですか？

苦痛度は？（全く苦しくない 0～100 最高に苦しい

からだの感じや気持は？　－3 －2 －1　0　1　2　3　心のつぶやき（メッセージ）は?

ネガティブ　　　　ポジティブ

2．そのことによって、日常生活で、避けていることや行動はありますか？

1．-- 苦痛度は？[　　]

2．-- 苦痛度は？[　　]

3．-- 苦痛度は？[　　]

3．そのことを考えたとき、あなたの姿勢はどうなっていますか？

どんな姿勢で、そのことと向き合えばいいでしょうか？

4．からだをらくに動かしたり、しっかり立てたりする練習をしてみましょう。（プレイルームで）

そのことと向き合うための動作・姿勢を探しましょう。

5．自分にポジティブなメッセージを送ってあげましょう！

6．あること（　　　　）を考えたとき、どれくらい苦しいですか？

苦痛度は？（全く苦しくない 0～100 最高に苦しい

からだの感じや気持は？　－3 －2 －1　0　1　2　3　心のつぶやき（メッセージ）は?

ネガティブ　　　　ポジティブ

感想

図6　イメージ動作法シート

・そのことを考えたときの身構え

「そのことを考えたとき、どんな身構えをしていますか？　姿勢とか、体の緊張感とか、動作とかをながめてください」

・どんな身構えができればいいか考える。

「そのことを思い浮かべたときに、どんな身構えをしたらいいかを想像してください。できれば、こんな身構えができればということを実際にやってみてください。その身構えを味わってください」

「自分なりの適切な身構えが浮かべばそれでOKかもしれません。でも、集団でやっていますので、一般的に、こんな身構えがいいよというのをいくつかやってみます。どんなつらいことを思い浮かべても、どっしりと坐り、背筋を立てて、楽な軸をつくるといいといわれています。」

a．腰を弛めて腰を立てる

「頭のてっぺんからお尻まで一本の軸を作ってみましょう。すこし、椅子の前に坐るといいでしょう。脚の位置は内側にひかずに九〇度でどっしり構えます。それで、頭のてっぺんからお尻までの一本の軸を崩さずに、骨盤を前に倒していきます。いけるところまでいったら、首、背中の力をぬいて、体の重みでさらに腰が弛んでいく感じがつかめるといいでしょう。少し痛みを感じたら、首・背・脚と腰のほかの所に気持ちをおいて、そこが楽になればいいなーと思ってみてください。はい、ゆっくりと体を起こしていきます。頭、背を起こして、頭からお尻まで一本の軸ができると、その軸を保ったままゆっくりと体を起こしていきます。」

b．背からお尻の軸を保ちながら肩を動かす

「背からお尻をしっかりと軸をつくり、肩を上げたり下ろしたり、開いたり閉じたりしましょう」

「どっしりと身構えて、肩にちょうどよい緊張を作ってみましょう。この出来事には、これぐらいの緊張で臨めばいい、そういったちょうどいい緊張を探してみましょう。ただ、背を立てて肩の力をぬけば、それでいい、という人もいるでしょうし、少し肩に力を入れた方が、そのことに対処できる、という人もいるでしょう。ちょうどよい緊張感を探してください」

c．胸を動かす

「あまりにもつらいことが続くと、背が丸くなり、頭がうなだれます。もちろん、そういった姿勢で、つらいことに向き合うことは大切ですが、どうしてもマイナスの考えばかりが広がっているということはないですか？」

「そんな時は、胸を動かしてみましょう。背を立てて、頭をまっすぐにしたまま、胸だけを前に突き出します。そして、真ん中、そして背を丸めます。いつも背を丸めていると、胸を前に突き出す動きがむつかしいかもしれません。でも、胸を前にだすと、痛いけど気持ちいいということもあります」

・プラスメッセージを送る

「自分の心に、自分が思いつくプラスのメッセージを送ってみましょう。例えば、『そ

のことはつらかったけれども、そのことで、○○について、よく学んだ』、『自分なりにできることをやってきた』、『いまこうやってここにいる。そのことがなによりも大切だよ』、『よくがんばってきたね』などと、プラスのメッセージを送ってみてはどうでしょう。

・もう一度その不快な出来事を思い浮かべる。

「からだの感じ、気分、そのことを浮かべたときの心のつぶやきをながめてください。そして、どれぐらい苦痛かを0～100でスコアリングしてください」

③　結果と考察

参加者二三名の研修会の結果を**図7**に示す。また、ワークシートに記載された感想を**表2**に示す。苦痛度に変化がなかったものが二名いたが、悪化したものはなかった。そのほかはすべて苦痛度が減少した。ほとんどが、つらい記憶を落ち着いて浮かべることができており、短時間で変化を実感したとの記載もあった。もちろん、イメージ動作法の効果を検証するためには、プロセス変数である苦痛度のみでは充分でないが、集団で不快な記憶をとりあつかう方法としての安全性は検証できたと考えられる。

S22の場合、回避行動はよい対処としても機能していたのであろう（**表3**）。

表2　集団イメージ動作法の参加者の感想と一例過程

S 1	身体の力をぬいたり、逆に力をいれたりして、ゆったりと呼吸をするだけでも身体が楽になり気持ちも楽になることがわかった。就寝前にぜひ試してみたい。
S 2	リラックス法気持ちよかった。さっそく家族に試してみたい。
S 3	体と心のストレッチが受けとめ方にも大きな変化をおよぼすことを学んだ。
S 4	ワークをとりいれてくださったのであっという間の一日でした。もちかえって実践したいです。
S 5	トラウマがなんなのか文字で言葉で少し理解できた。
S 6	身体が楽になり落ち着きました。落ち着いて次のことが考えられます。身体が心に与える効果について再認識しました。
S 7	仕事をして8年。年のせいか精神的にもろくなったような気がし、セルフケアを習得しストレスに強い身体作りにこころがけたいです。仕事家庭育児にも役立てる内容でした。癒しの時間ありがとうございました。
S 8	自分だけでなかったストレスを共有共感することができ活力が少しでてきました。ストレスを対処する方法を知ったことで早く楽になれるのだと感じました。他者にも伝えたい。
S 9	ワークをとおして、身体→心がゆるむ　心地よさを改めて感じました。リフレッシュできました。ストレスマネジメントのファシリテーターとしての技術が身につく専門家研修があれば参加したいです。
S 10	体が楽になりました、たぶん気分も。
S 11	自分のこれからについて考えるいい機会になりました。リラックスの方法が今後の仕事に役立てばと思います。
S 12	まだまだ自分自身過去のトラウマを克服できてないと感じました。
S 13	自分は本当に幸せな人だと思いました。家族をはじめまわりの人に感謝します。そして自分を強くしていきたいと思います。
S 14	文章化すると冷静になれます。
S 15	姿勢が結構大切であることを改めて感じました。呼吸や姿勢でストレスに対応できる事を頭に入れておきたいと思います。私は昨年子どもを亡くしましたがうまく喪の作業ができたことを確認しました。
S 16	いやなことを思い浮かべる、それをリラックスイメージで解消する、自分のイメージや呼吸動作は思ったよりも緊張がほぐれると気づくことができた。
S 17	自分自身ポジティブな言葉かけを積極的にすることが大切と感じた。
S 18	無に近い状態になれる瞬間がある。
S 19	実演の中で肩に手を置くだけで気持ちよくうれしく思いました。
S 20	呼吸法をとりいれることでだいぶリラックスした気持ちになる。
S 21	短い時間でそう変われる訳がないと思っていましたが、手順を追ってすすめていくとやっぱり変化が感じられました。イメージするって大切なんですね。
S 22	深呼吸したりリラクセーションでそのことに対するとらえ方や気持ちの持ち方に変化があることがわかりました。これからとりいれようと思いました。
S 23	呼吸法、姿勢でリラックスはかなりできると感じ取り入れてみようと思う。

表3　S 22のイメージ動作法シートへの記入内容

S 22	記憶のテーマ：利用者の暴言、（からだの感じ・気分）全身に力がはいる感じ、（つぶやき）何で？　また同じ事の繰り返し、（苦痛度）85、（回避）その人と意識して距離をおく、（動作身構え）肩に力がはいる、動きが早くなる、（望ましい身構え）頭を冷静に。深呼吸して落ち着く、（プラスメッセージ）がんばった、（からだの感じ・気分）力が入る、（つぶやき）できるだけ受けとめてみよう、（苦痛度）60

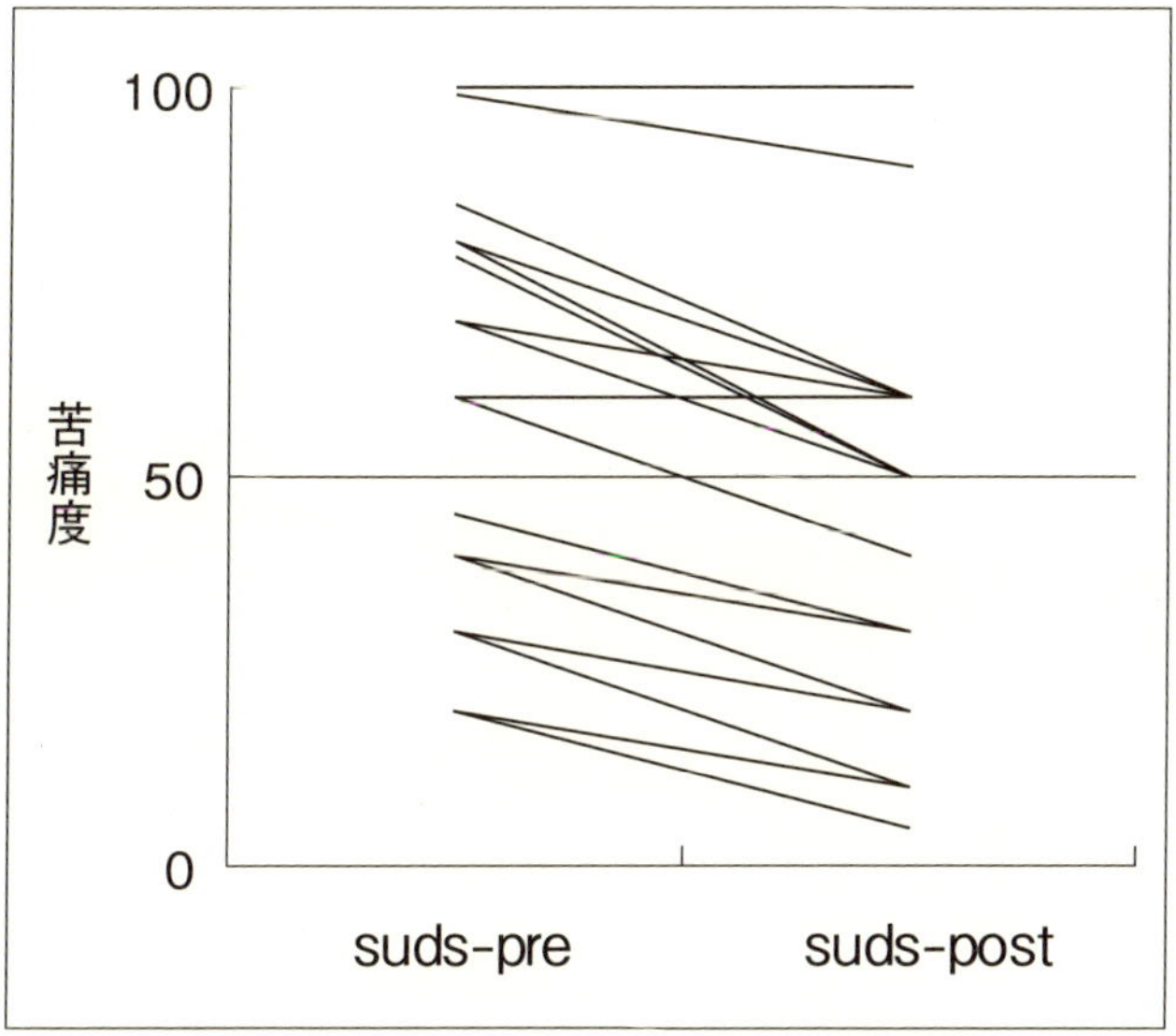

図７　集団イメージ動作法による不快記憶の苦痛度の変化

3　まとめ

本論では、トラウマ臨床で活用するストレスマネジメント技法として、主に、イメージ動作法を紹介した。過去の出来事をイメージし、その時のからだの感じや気分を味わい、苦痛度をスコアリングする。次に、そのことを思い浮かべたときの身構えや姿勢や動作感に注意を向けてもらう。気分やからだの感じは、直接変化させることが難しくても、動作は変化させることが容易だからである。そこで、望ましい身構え方を発見してもらうか、一般に望ましいと思われている姿勢動作を体験してみる。そして、再び、過去の出来事を思い浮かべたとき、苦痛度やからだの感じ・つぶやきがどのように変化するかを確かめてもらう（**図7**）。

性犯罪のような語ることに強い回避を示す事例に対しては、長時間曝露療法［Foa, Hembree & Rothbaum, 2007］が最も有効だといわれている。イメージ動作法は、動作を基軸とし、語りと回避行動へのチャレンジという要素を含んでいる。その点、ストレス免疫訓練［Meichenbaum, 1983］と長時間曝露療法の利点を組み合わせた方法かもしれない。今後、イメージ動作法を取り入れながら、語りをうながしていくイメージ動作法の効果を検証していく必要があるだろう。

（冨永良喜）

引用・参考文献

Foa, E., Hembree, E. & Rothbaum, B. 2007 Prolonged exposure therapy for PTSD. *Emotional processing of traumatic experiences therapist guide*. Oxford University Press.

平木典子 1993 『アサーション・トレーニング』日本・精神技術研究所

Lazarus, R. S. & Folkman, S. 1984 *Stress,appraisal, and coping*. Springer Publishing Company,Inc.（本宮 寛・春木 豊・織田正美（訳） 1991 『ストレスの心理学—認知的評価と対処の研究』実務教育出版）

Meichenbaum, D. 1983 *Coping with stress*. Ebury Press.（市井雅哉・根建金男（訳） 1994 『ストレス対処法』講談新書）

成瀬悟策 2000 『動作療法』誠信書房

竹中晃二 1998 『子どものためのストレスマネジメント教育』北大路書房

冨永良喜 2006 a 「からだ・つぶやき・動作・行動—認知動作療法の成り立ち」日幸黙僊・黒木賢一（編）『心理臨床におけるからだ』朱鷺書房 99–114p.

冨永良喜 2006 b 「災害・事件後の心のケアとストレスマネジメント」『学校保健研究』第48号 106–112p.

冨永良喜・小澤康司 2005 a 「『心のケア』とストレスマネジメント」『新潟市医師会報』第406号 1–5p.

冨永良喜・小澤康司 2005 b 「ストレスマネジメント」藤森和美（編）『学校トラウマと子どもの心のケア』誠信書房

冨永良喜・高橋 哲 2005 「子どものトラウマとストレスマネジメント」『トラウマティック・スト

レス』第3巻第2号　37–43p.

冨永良喜・渡辺啓介・住本克彦　2005　「被害者支援専門職者の二次的外傷性ストレスと集団認知動作療法プログラム」『発達心理臨床研究』第11号　1–8p.

冨永良喜・山中　寛　1999　『イメージと動作によるストレスマネジメント教育・展開編』北大路書房

Vermilyea, E.G.　2000　Growing beyound survival. *A self-help toolkit for managing traumatic stress*. The Sidran Press.

山中　寛・冨永良喜　2000　『イメージと動作によるストレスマネジメント教育・基礎編』北大路書房

おわりに

二〇〇三年一二月、兵庫県豊岡市を台風12号が襲った。私事ながら豊岡は高校卒業までの十八年間住み慣れた土地である。テレビや新聞の報道を見て、筆者はいてもたってもいられなくなり、ボランティアとして現地に赴いた。

災害本部にはありあまる体力を人のために役立てたいという若者、阪神大震災でお世話になったのでその恩返しに来たという五十代の主婦など、年齢も職業もさまざまな人々が全国から集まっていた。筆者は、まだまだ日本は捨てたもんじゃないな、と感じた。

災害本部では被災者からボランティアの依頼が寄せられると、担当者がその内容を判断して「土砂崩れ、男性10人」とか「家具の持ち出し、男女2人」といったように声をかけ、それに希望者が手を上げてボランティアを申し出るのである。しかし、ボランティアの依頼数に対してボランティアの希望者数が多く、ちょっとした争奪戦のようになっていた。私は出遅れまいと何でもいいから手を上げた。

筆者の担当は、ある家庭の泥出しであった。床下に石灰を撒き、湿気を取ってからその泥を運び出すのである。二時間もやっただろうか、その家の方が「本当にすみませんね」とお茶を出された。ボランティアを依頼した側からすれば感謝の念を示すことは自然なことかもしれないが、一緒に参加したボランティアの一人は「われわれに気を使っている場合じゃないでしょう」と言って差し出されたお茶に口をつけようとしなかった。それもまた自然な反応かもしれない。

隣の家では七十歳代と思われる女性が一人で被災の後始末をされていた。とても大変そうだったので、筆者は思わず手伝ってあげたくなったが、要請されていない場所へ勝手に行くことはできなかった。敢えてボランティアの要請を遠慮されたのか、あるいは要請の方法がわからなかったのかは不明だが、ボランティアの難しさを感じた一場面であった。

臨床心理士の名前がマスコミに頻繁に登場するようになったのはなんと言っても一九九五年の阪神・淡路大震災であろう。このとき、兵庫県の臨床心理士会のメンバーは自らも被災しながら全国から集まった臨床心理士と共に被災者の心のケアに携わった。その後、大事件や災害が発生するたびに「心のケアのために臨床心理士を派遣」といった新聞見出しを見ることが多くなった。こうした流れの中で日本臨床心理士会は一九九九年に被害者支援専門委員会を組織し、二〇〇二年には被害者支援連絡協議会も発足した。

今後も様々な場面で臨床心理士が被害者支援に携わることが増えていくと思われる。より効果的な支援法が確立されることを切に願う。
末筆ながら、本書の執筆・編集の機会を与えて頂いた広島国際大学学長の上里一郎先生、玉稿をお寄せいただいた執筆者の先生方、また、適切なアドバイスとともに根気強くお付き合い頂いた、ゆまに書房編集部の高井健氏に心より感謝する次第である。

二〇〇八年二月　春を待つ京都にて

編著者　丹治光浩

【執筆者一覧】
◆第 1 章◆
丹治光浩　（たんじ・みつひろ　花園大学社会福祉学部）
◆第 2 章◆
橋本和明　（はしもと・かずあき　花園大学社会福祉学部）
◆第 3 章◆
田中　究　（たなか・きわむ　神戸大学大学院医学研究科精神医学分野）
◆第 4 章◆
小西聖子　（こにし・たかこ　武蔵野大学人間関係学部）
◆第 5 章◆
小澤康司　（おざわ・やすじ　立正大学心理学部）
◆第 6 章◆
河野通英　（かわの・みちひで　山口県精神保健福祉センター所長）
浦田　実　（うらだ・みのる　長崎県壱岐保健所所長）
松本晃明　（まつもと・てるあき　静岡県精神保健福祉センター所長）
◆第 7 章◆
染田　恵　（そめだ・けい　法務省法務総合研究所室長研究官）
◆第 8 章◆
野坂祐子　（のさか・さちこ
大阪教育大学学校危機メンタルサポートセンター）
◆第 9 章◆
冨永良喜　（とみなが・よしき　兵庫教育大学教育臨床講座）

◆シリーズ　こころとからだの処方箋◆ ⑮

被害者心理とその回復

――心理的援助の最新技法――

二〇〇八年三月二十五日　第一版第一刷発行

著　者　丹治《たんじ》光浩《みつひろ》 ほか

編　者　丹治光浩（花園大学社会福祉学部臨床心理学科教授）

発行者　荒井秀夫

発行所　株式会社ゆまに書房

〒一〇一―〇〇四七

東京都千代田区内神田二―七―六

振　替　〇〇一四〇―六―六三一六〇

印刷・製本　藤原印刷株式会社

カバーデザイン　芝山雅彦〈スパイス〉

落丁・乱丁本はお取り替え致します

定価はカバー・帯に表示してあります

ISBN978-4-8433-1827-0 C0311